AF321518

CODE

DE LA

PÊCHE FLUVIALE,

AVEC

UN COMMENTAIRE

DES ARTICLES DE LA LOI, LES MOTIFS DE CETTE LOI,
LA DISCUSSION AUX DEUX CHAMBRES,
DES MODÈLES DE PROCÈS-VERBAUX POUR DÉLITS DE PÊCHE, ETC.;

SUIVI D'UN

DICTIONNAIRE

DE LA PÊCHE FLUVIALE,

CONTENANT

L'Histoire naturelle des Poissons ; l'Explication des termes de Pêche
et de Navigation ; la Description des Lignes, Hameçons, Filets,
Instrumens et Procédés employés dans les diverses sortes de Pêche ;
l'analyse de l'ancienne et de la nouvelle Législation sur le Droit
et l'Exercice de la Pêche dans les rivières navigables ou flottables,
canaux, ruisseaux ou cours d'eau quelconques, etc. ;

Par M. BAUDRILLART,

Chef de Division à la Direction générale des Forêts, Chevalier de la Légion-
d'Honneur, Membre de la Société royale et centrale d'Agriculture, auteur du
Commentaire sur le Code forestier, et du *Traité général des Eaux et
Forêts, Chasses et Pêches*.

ATLAS.

PARIS,

ARTHUS BERTRAND, LIBRAIRE,

ÉDITEUR DU VOYAGE AUTOUR DU MONDE, PAR LE CAP. DUPERREY,
Rue Hautefeuille, n°. 23.

1829.

DICTIONNAIRE
DE LA
PÊCHE FLUVIALE.

Explication des Planches.

I. POISSONS.

PLANCHE I.

Fig. 1. La Lamproie, *Petromizon marinus*, Lin.

Fig. 2. L'Esturgeon, *Acipenser Sturio*, Lin.

Fig. 3. L'Anguille, *Muræna Anguilla*, Lin.

Fig. 4. Le Thon, que l'on nomme aussi Ton, Athon et Toun, *Scomber Thynnus*, Lin.

Fig. 5. Le Chabot, ou Ane, ou Tête-d'âne, ou Meunier, ou Têtard, *Cottus Gobio*, Lin.

PLANCHE II.

Fig. 1. La Perche de rivière, *Perca fluviatilis*, Lin.

Fig. 2. La Loche, franche Barbotte, petit Barbot, Motelle, Barbotte ou Cobite, *Cobitis Barbatula*, Lin.

Fig. 3. Le Misgurne fossile ou Loche d'étang, *Cobitis fossilis*, Lin.

Fig. 4. Le Glanis, qu'on nomme aux environs de Strasbourg, la Lotte de Hongrie, *Silurus Glanis*, Lin.

Fig. 5. Le Saumon, *Salmo Salar*, Lin.

PLANCHE III.

Fig. 1. L'Ombre ou Omble - Chevalier, *Salmo Umbla*, Lin.

Fig. 2. La Truite, *Salmo Truita*, Lin.

Fig. 3. L'Éperlan, *Osmerus Eperlanus*, Lin.

Fig. 4. Le Brochet, *Esox Lucius*, Lin.

Fig. 5. Le Mulet de mer, Mugil, Mulet, Muge-Céphale, Cabot, Meuillé, Mule, Mugeo ou Muzon, *Mugil Cephalus*, Lin.

PLANCHE IV.

Fig. 1. L'Alose, que, dans quelques provinces du midi, on nomme Coulac, Cola, Alouze, Loche d'étang, et Halachia, *Clupea Alosa*, Lin.

Fig. 2. La Feinte, que l'on nomme Pucelle à Paris, et dont on distingue le mâle sous le nom de Cahuhot ou Colluau, ou de Laiteau ; et la femelle, sous celui de Couvert ou de Couvreau, *Clupea fallax*, Lin.

Fig. 3. La Carpe, *Cyprinus Carpio*, Lin.

Fig. 4. Le Barbeau, qu'on appelle aussi Barbot, Barbet et Barbilleau, et, lorsqu'il est jeune, Barbillon, *Cyprinus Barbus*, Lin.

Fig. 5. Le Goujon, que dans quelques parties de la France on nomme Goiffon, Gonion, Goisnon et Vairon, *Cyprinus Gobio*, Lin.

PLANCHE V.

Fig. 1. Le Gardon, *Cyprinus Rutilus*, Lin.

Fig. 2. La Tanche, *Cyprinus Tinca*, Lin.

Fig. 3. La Vandoise, ou Dard, que l'on nomme Sophie en Languedoc, et Suiffe à Lyon, *Cyprinus leucicus*, Lin.

Fig. 4. La Chevanne, que l'on nomme aussi Meunier, Chevance, Chevisne, Vilain, Testard, Barboteau, Garbotin, Garboteau et Chaboisseau, *Cyprinus Jeses*.

Fig. 5. Le Veron ou Vairon, *Pisciculus Varius*, Rond.

PLANCHE VI.

Fig. 1. La Bouvière ou Péteuse, *Cyprinus amarus*, Lin.

Fig. 2. La Brême, *Cyprinus Brama*, Lin.

Fig. 3. L'Able, Ablette, Ovelle ou Borde, *Cyprinus alburnus*, Lin.

Fig. 4. L'Épinoche, que l'on nomme aussi Épinocle, Echarde, Épinarde ou Savetier, *Gasterosteus aculeatus*, Lin.

II. — DE LA PÊCHE AUX HAMEÇONS.

PLANCHE VII.

N°s. 00000 à 16. Assortimens complets d'hameçons simples pour différentes pêches de poissons de rivières. Le plus faible a le numéro 16, et le plus fort est désigné par cinq zéros.

Fig. b. c. Hameçons doubles.

Fig. a. Hameçon empilé.

PLANCHE VIII.

Fig. 1. Manche auquel est ajusté un brin de baleine.

Fig. 2. Plomb pour une ligne de fond, ou jeu.

Fig. 3. Une sonde pour mesurer la profondeur de l'eau. On l'accroche à un hameçon.

Fig. 4. Une flotte pour soutenir la ligne sur la surface de l'eau, ou maintenir l'hameçon à une distance convenable du fond.

Fig. 5. Bouchon qui a la même destination que la flotte.

Fig. 6 et 7. Autres bouchons.

Fig. 8. Un plomb.

Fig. 9 et 10. Mérillons qui font l'effet d'un tourniquet et que l'on met aux lignes dormantes à pêcher les anguilles.

PLANCHE IX.

Fig. 1, 2, 3 et 4. Différentes pièces d'une canne pour la pêche des petits poissons.

Fig. 5, 6 et 7. Différentes pièces d'une canne pour la pêche du saumon.

Fig. 8. Une épuisette ou petite truble.

Fig. 9. Anneau à décrocher les lignes.

Fig. 10. Un plioir.

PLANCHE X.

Fig. 1 et 2. Ce sont des haims avec des empilages de crin pour prendre des anguilles.

Les *fig.* 3, 4, 5, 6, 7, 8, 9 représentent quelques détails relatifs à la pêche à la canne.

Fig. 3. Poisson destiné à servir d'appât, et dans la bouche duquel on a fait passer un hameçon à deux crochets, et qui ressort par l'un des ouïes. On a lié la queue du poisson sur la ligne.

Fig. 4. Poisson dont la bouche est traversée par un hameçon simple.

Fig. 5. Poisson dans la bouche duquel on a fait passer l'hameçon, pour le faire sortir par-dessous l'ouïe.

Fig. 6. On a fait entrer l'hameçon par la bouche et sortir par l'anus ; ce qui a dispensé de lier le poisson sur la ligne. V. *Appât* dans le Dictionnaire.

Fig. 7. Rouleau de crin.

Fig. 8. Panier.

Fig. 9. Ligne montée.

PLANCHES XI, XII et XIII.

Les planches 11, 12 et 13 représentent des insectes. Tous ceux désignés par le chiffre 1, *pl.* 11, 12 et 13, sont des araignées et des chenilles pour la pêche des truites ; le chiffre 2, *pl.* 11, est un petit paon pour le saumon ; le chiffre 3, même planche, une demoiselle pour les truites ; le chiffre 4, *pl.* 11, 12 et 13, représente des fourmis ailées pour la pêche des truites; le chiffre 5 est un petit paon pour la truite saumonée ; le chiffre 6 répété sept fois, *pl.* 12, représente des mouches pour les carpes ; les chiffres 3, 4, 5, 6, 7, 8, 9, 10, 11, 12, 13, 14 de la *pl.* 13 sont des insectes employés à la pêche des poissons blancs. Voici leurs noms avec l'indication du temps auquel il convient de les employer :

N°. 3. Petit paon, tout le jour.

N°. 4. Chenille verte, le matin.

N°. 5. Papillon jaspé, au soleil.

N°. 6. Papette, toute la journée.

N°. 7. Nymphe, au petit jour.

N°. 8. Bibet, temps orageux.

N°. 9. Araignée rouge, au soleil.

N°. 10. Papillon des genêts, le matin.

N°. 11. Chenille jaune, le matin.

N°. 12. Charançon, temps couvert.

N°. 13. Sauterelle, le matin.
N°. 14. Mouche factice, le soir.

PLANCHE XIV.

Les *fig*. 1 et 2 représentent la manière d'ajuster et d'assujettir avec un cordonnet de soie plusieurs brins, les uns au bout des autres, pour former une perche à pêcher; la *fig*. 3, un nœud; la *fig*. 4, une poulie pour faire des lignes; la *fig*. 5, un haim double, entre les deux crochets duquel est un fil de laiton, qui porte un petit morceau de plomb de forme ovale, les *fig*. 6, 7, 8 et 9, des fourreaux d'insectes aquatiques, qui deviennent ailés, et que Réaumur nomme *teignes*; la *fig*. 10, plusieurs lignes ou piles attachées avec leurs hameçons autour d'un cerceau; la *fig*. 11, une ligne sédentaire, avec un plomb et une flotte de liége au bout opposé au plomb; la *fig*. 12, des lignes avec leurs hameçons attachés au bord d'un panier; la *fig*. 13, une croix de fer ou de cuivre, et à laquelle sont attachées des piles garnies de haims; la *fig*. 14, une ligne qu'on nomme *potera*, et au bout de laquelle est enfilé un poisson ou un leurre d'étain; la *fig*. 15, une corde dormante et sédentaire, garnie de lignes latérales; la *fig*. 16, une pêche à l'archet; et la *fig*. 17, une quille de bois, destinée à flotter sur l'eau, dans laquelle elle entraîne plus ou moins la ligne.

III. FOUANES, FOURCHES, TRIDENTS, VIVIER, HUCHE, VANNE, BONDE, ÉTANG.

PLANCHE XV.

Les chiffres 1, 1 représentent des fouanes semblables à des râteaux; et les chiffres 2, 2, 2, 2, 2, 2, 2 des fouanes, fougues, harpons, fourches, tridents, ou fichoires, à deux, trois et quatre branches.

Les *fig*. 3, 3 représentent le plan d'une barque à vivier, qui sert à transporter le poisson en vie.

Les chiffres 4 et 5 sont une huche propre à conserver le poisson d'eau douce en vie pour la consommation journalière. La *fig.* 6 est une vanne; les *fig.* 7 et 8 sont le plan d'une bonde d'étang, vue par-devant et par-derrière.

PLANCHE XVI.

N°. I. Vue d'un étang, prise de derrière une chaussée, au milieu de laquelle est établie la bonde. Il y a au-dessous de la bonde une grille *d* pour retenir le poisson dans l'étang. On a mis derrière la chaussée, dans l'endroit qu'on appelle *la fosse*, une huche *e*, semblable à celle qui est représentée par la figure 4 de la planche précédente.

N°. II. On voit, dans le lointain, la chaussée d'un étang qui est en pêche ; et, sur le devant, des parcs pour y déposer le poisson.

N°. III. Une partie de la chaussée d'un étang, et, derrière, un bassin qu'on est obligé de faire en plusieurs circonstances pour pêcher les étangs, auquel on donne le nom de *tombereau*. V. *Étang*.

IV. DE LA PÊCHE AUX FILETS.

PLANCHE XVII.

Cette planche représente différentes sortes de filets.

Fig. 1 *et* 2. Ce sont des tramaux, c'est-à-dire des filets composés d'un assemblage de trois nappes, dont deux, à larges mailles, retiennent au milieu d'elles la troisième, qui a des mailles beaucoup plus étroites. Ces mailles sont tantôt en losange, tantôt en carré.

Fig. 3. Filet qui a la forme d'un sac conique : l'espèce représentée ici est le *verveux*.

Fig. 4. Petit épervier qui n'a point de bourse sur les bords, et où règnent, dans toute sa hauteur, des ficelles qui se réunissent en haut à un anneau, au moyen duquel on peut tirer la corde qui termine la hauteur du filet, sans que tout le filet se fronce, et que le poisson s'y trouve enfermé.

Fig. 5. L'Épervier confectionné.

Fig. 6. Épervier qu'on traîne.

Fig. 7. Épervier qu'on jette de terre à l'eau.

Fig. 8. Pêcheurs qui jettent l'épervier de dedans un bateau.

PLANCHE XVIII.

Fig. 1. Pêcheur qui tient un échiquier *a*, *b*, *c*, qu'il tire de l'eau.

La *fig.* 2 représente un tamis de crin, qui sert à prendre de petits poissons.

La *fig.* 3, une bouraque.

La *fig.* 4, une autre bouraque.

La *fig.* 5, une truble ou trouble.

La *fig.* 6, une petite truble, dont le cercle est en fer.

La *fig.* 7, un bouteux que l'on pousse dans l'eau, sur le sable, pour prendre du poisson.

PLANCHE XIX.

N°. I. Disposition d'un guideau dans un îlot ou dans le petit bras d'une rivière. C'est ce qu'on nomme *des gors*. Il y a un goulet, ou petit filet en entonnoir, dans l'ouverture du guideau *e*, afin que le poisson qui est entré par cet entonnoir ne puisse pas retourner à l'eau. Le grand bras de la rivière, au-dessus du guideau, est laissé libre pour la navigation. On voit en *c* deux piles de pieux serrés les uns contre les autres, pour conduire les poissons dans le guideau.

On voit, *pl.* 20, *fig.* 2, un guideau monté sur un châssis.

N°. II. Guideaux tendus aux arches d'un pont. L'extrémité *f* de l'un de ces guideaux n'est fermée qu'avec une corde, que l'on dénoue quand on veut faire sortir le poisson, en le secouant sur le sable. L'autre guideau a son extrémité *g* terminée par un panier d'osier, où le poisson se retire, et d'où on le prend facilement par une porte qui est au bout. Les lettres *a a* désignent les files de pieux qui accompagnent ces guideaux ; les lettres *d* et *c*, l'entrée de ces filets ; les lettres *b*, *e*, une ouverture pratiquée dans une chaussée, pour y établir le verveux qui y est placé.

N°. III. Ce numéro représente des verveux de différentes espèces.

Le verveux ordinaire est celui qu'on voit séparé de sa coiffe, *fig.* 3, *pl.* 20. Ce verveux est le plus simple de tous.

On en voit ici de plus composés, *fig.* 2 et 3. Ils ont plusieurs entonnoirs qui se correspondent, tandis que celui de la *fig.* 3, *pl.* 20, n'a qu'un seul goulet. La *fig.* 4 est un verveux affermi dans le fond de l'eau par des pierres A placées vers sa pointe. L'extrémité des deux ailes qu'on ajuste à l'avant du verveux en certains endroits de la mer est garnie de flottes de liége, et il y a des pierres pour assujettir les ailes sur le fond. La *fig.* 1 représente un pêcheur dans un bateau ; il enfonce un piquet dans le fond de l'eau, pour y arrêter la queue du verveux, *fig.* 2.

PLANCHE XX.

On voit, *fig.* 1, un verveux qui a deux entrées opposées l'une à l'autre. On l'a établi dans une eau qu'on a nettoyée d'herbes pour y former une passée large. Ce verveux double *a*, *b* est représenté plus en grand par la *fig.* 4. On y a ajusté des coiffes *d*, *c*, et des ailes ou bandes de filet en entonnoir.

La *fig.* 2 est un guideau ; son ouverture ou entrée est représentée par les lettres *a*, *c*, *d*, *f*, qui sont le châssis sur lequel il est quelquefois tendu ; la *fig.* 3 est celle d'un verveux ordinaire séparé de sa coiffe ; la *fig.* 4 est celle d'un verveux qui a deux entrées opposées l'une à l'autre ; la *fig* 5, un verveux au bout duquel est une petite nasse pour recevoir le poisson ; la *fig.* 6 représente un gord formé de filets et de piquets.

PLANCHE XXI.

Fig. 1. Il y a des gords qui ont leurs palissades formées de filets et de piquets, comme dans la *fig.* 6 de la planche précédente.

Ici les palissades des gords sont en clayonnage. Elles sont terminées par un guideau.

Fig. 2. Pêcheurs qui vont en bateaux établir de

grandes nasses. On voit en *a*, *b* la manière de tendre des nasses pour les éperlans.

La *fig*. 3 est un panier, au fond duquel est un appât pour des anguilles ; la *fig*. 4, une nance ou nasse dont on se sert en Provence ; elle tient de la bouraque, *pl*. 18, *fig*. 3, et cependant elle en diffère.

PLANCHE XXII.

Cette planche représente différentes formes de nasses.

La *fig*. 1 est celle d'une nasse nommée, en Provence *lance*, ou *gombin*, ou *gembin*.

A est la coupe de cette nasse, représentée en *B*.

La *fig*. 2 est un panier de bonde.

Les *fig*. 4, 5, 6, 7 et 8 sont des nasses que l'on tend dans des herbiers, auprès des crônes et des sourives, et qu'on relève tous les jours, en ayant soin de renouveler les appâts.

La *fig*. 9 est une nasse dont se servent les pêcheurs nantais pour prendre des lamproies. Au bout *b* est un goulet qui se resserre beaucoup. On les tend dans des endroits où il y a un courant fort rapide, auquel on présente un goulet.

PLANCHE XXIII.

La *fig*. 1 représente des dideaux ou guideaux que l'on place aux arches de quelques ponts.

La lettre *a* indique un de ces filets, entier, et qui est levé pour sécher. Le bas *d* remplit la largeur de l'arche. De *b*, *d* en *c*, ce filet est étendu dans l'eau. On voit, à droite et à gauche des lettres *f*, *g*, *k*, des mâtereaux scellés dans le massif des arches ; en *gg*, des courbes de bois, qui embrassent en partie les mâtereaux ; en *h h h*, des moulinets ; en *k*, une corde qui communique par en haut au moulinet *l*, et par le bas à la queue du filet. Il y a en *m* des pêcheurs dans un bateau, et qui relèvent le filet ; en *o*, un piquet enfoncé dans le terrain, et qui sert à tenir l'entrée du filet ouverte également.

On voit , *fig.* 2 , un filet attaché par un collier de corde *d d* à une portion d'un mâtereau *f* ; en *b* , un des bords de l'ouverture de ce filet , qui est à fleur d'eau ; l'autre bord *c* est au fond de l'eau ; tous deux sont garnis d'une forte corde ; un piquet les tient écartés l'un de l'autre ; *g* est une courbe de bois. La lettre *h* indique des crochets auxquels on attache l'anse des cordes *i*. La lettre *k* désigne une bride de fer dont l'œil reçoit le chevron , qui est surmonté d'un bout de corde *m* , et le long duquel sont des chevilles *n*.

Le filet, *fig.* 2, est bordé d'une forte corde.

La bire ou bure que l'on voit en *c*, dans la *fig.* 1, est représentée ici *fig.* 4 plus en grand. On en fait qui sont plus alongées de corps que celle-ci. Il y a une petite nasse *p p*, nommée *cornion*, qui est adaptée au corps de la bure ; on voit en *m* l'embouchure de la bure ; en *n*, le corps de cette espèce de nasse ; en *o* , son extrémité ; on se sert d'un petit tampon pour boucher l'ouverture *o*. On assure les tampons avec une cheville de fer , dans le trou de laquelle on met un cadenas.

La *fig.* 5 représente en grand un moulinet pareil à ceux *h h h* de la *fig.* 1 , et une portion du parapet , contre laquelle sont appuyées les potences *d b* , qui soutiennent le moulinet. On voit sur le treuil la corde, dont on saisit un des leviers *e e* quand on veut arrêter ce treuil.

La *fig.* 6 représente deux filets qu'on nomme *seine*. L'un conserve la même largeur dans toute sa longueur , et l'autre se rétrécit beaucoup vers ses extrémités.

Le fond du filet étant plié est en *c* , les extrémités sont en *a b*. La partie supérieure du filet est garnie de flottes de liége, et la partie inférieure est garnie de plomb.

Imprimerie de Madame HUZARD (née Vallat la Chapelle), rue de l'Éperon, n°. 7.

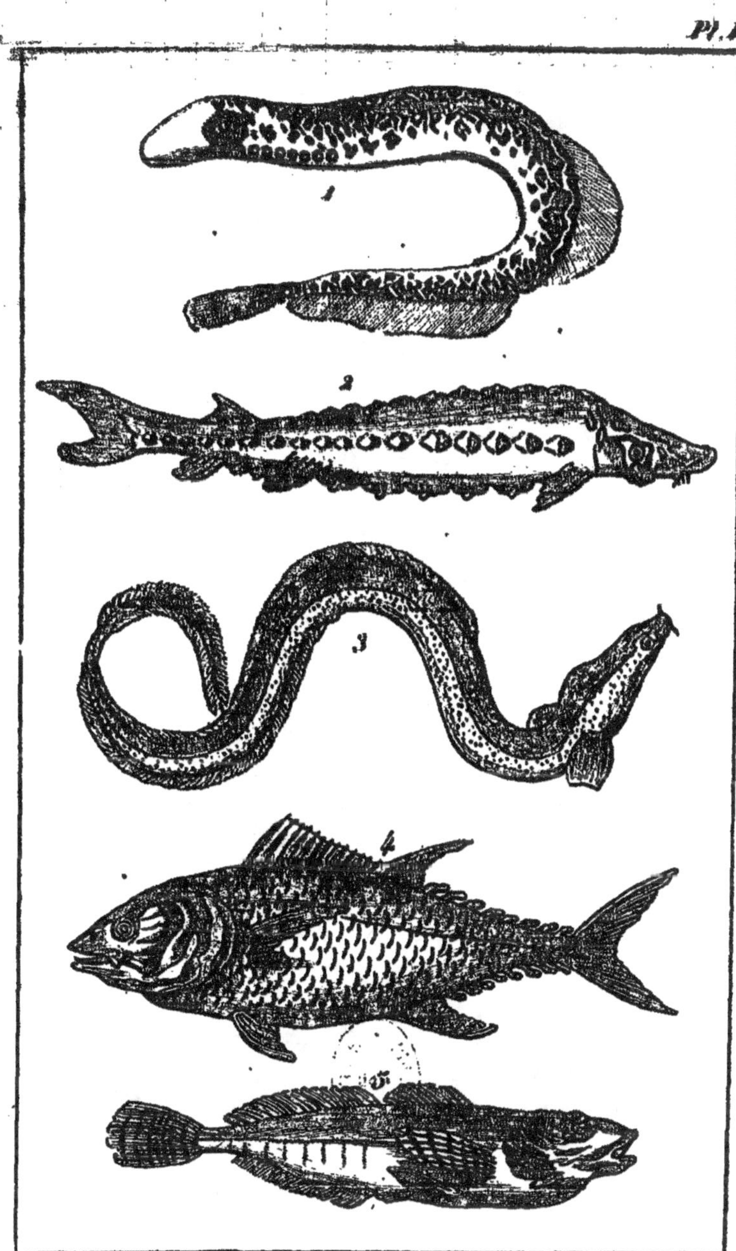

Gravé par Ambroise Tardieu

1. Lamproie.   4. Thon.
2. Esturgeon.   5. Chabot.
3. Anguille.

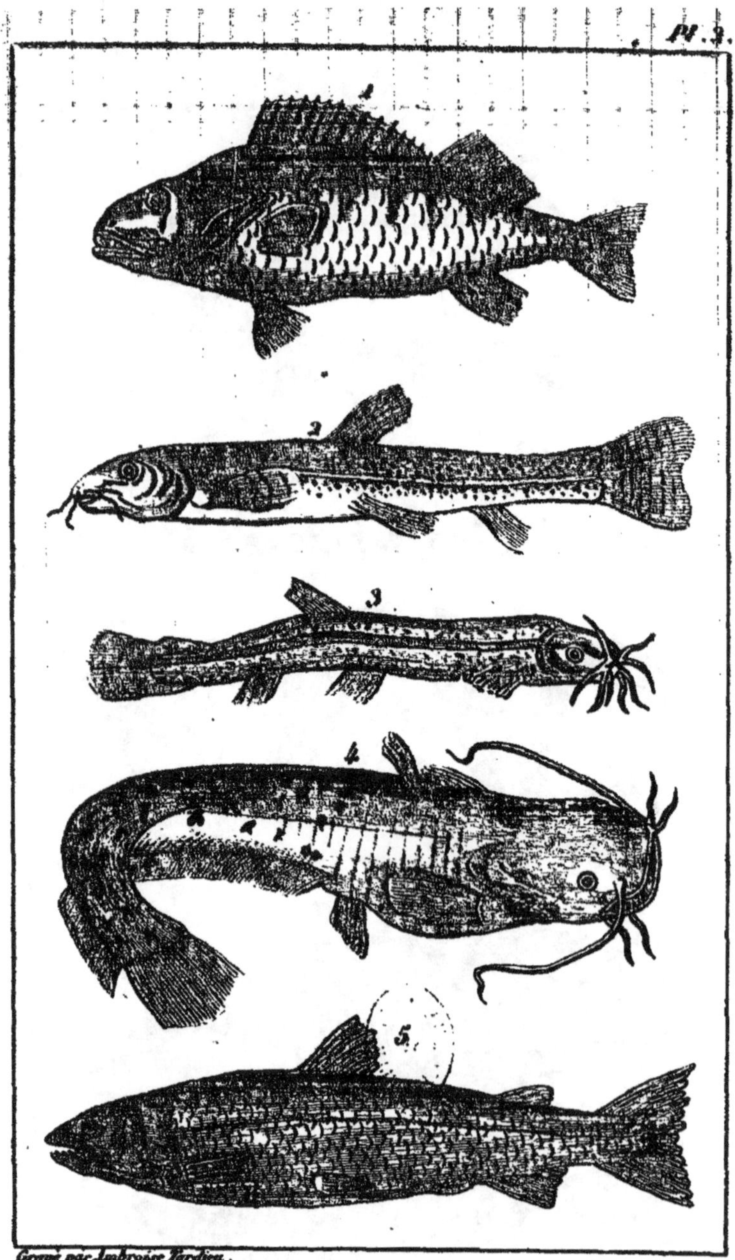

Gravé par Ambroise Tardieu.

1. Perche de Rivière.
2. Franche Barbotte ou Loche.
3. Misgurne fossile.
4. Glanis.
5. Saumon.

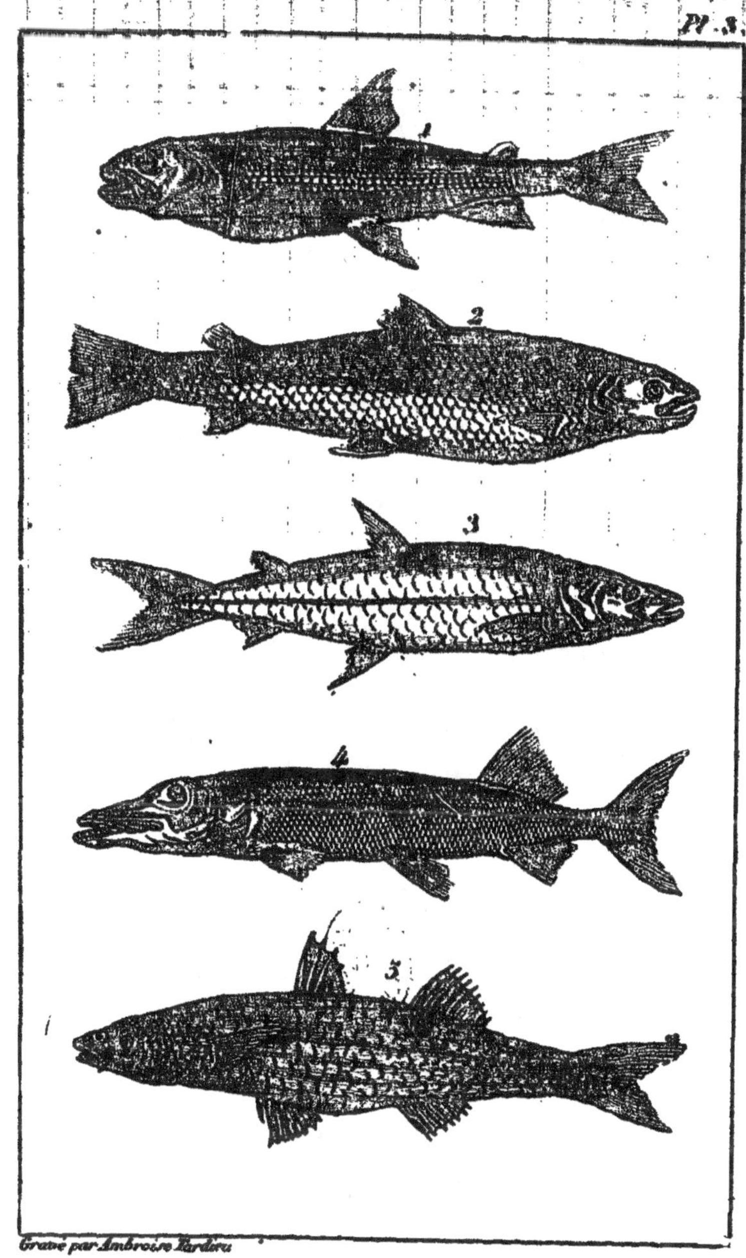

1. Ombre Chevalier.
2. Truite.
3. Eperlan.
4. Brochet.
5. Muyil ou.
   Mulet de Mer.

Gravé par Ambroise Tardieu

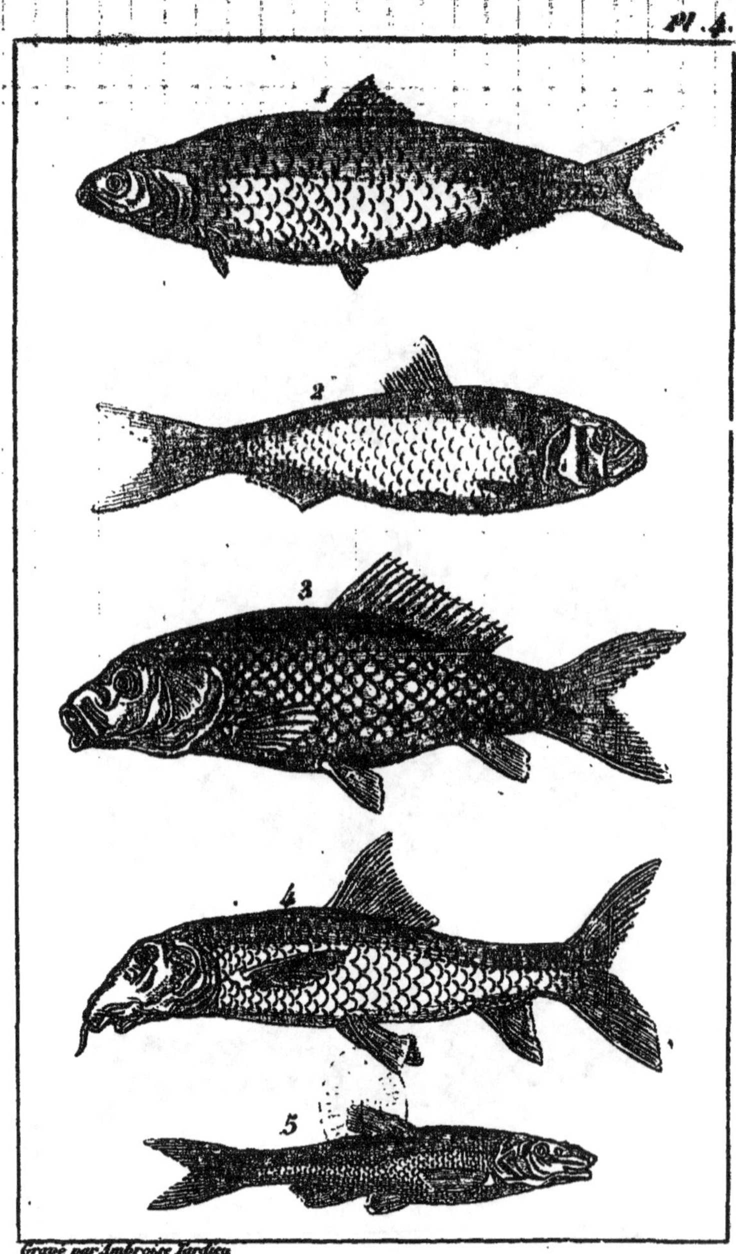

Gravé par Ambroise Tardieu

1. Alose.
2. Feinte.
3. Carpe.
4. Barbeau ou Barbilleau.
5. Goujon.

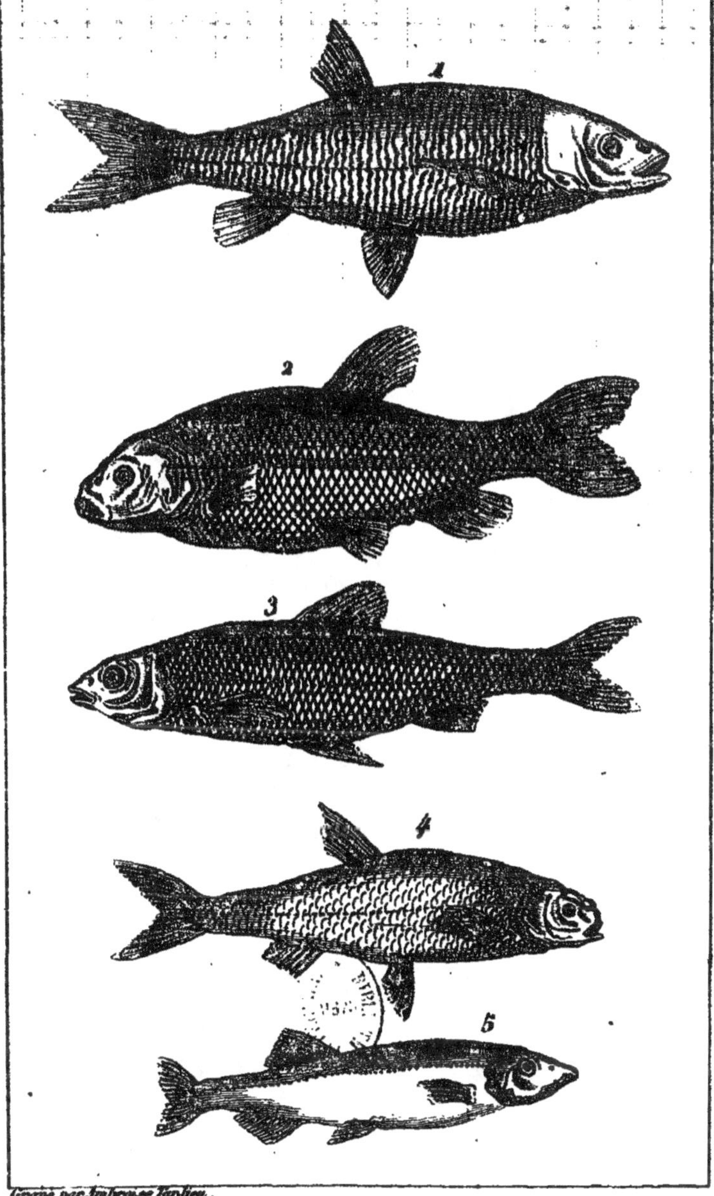

Gravé par Ambroise Tardieu.

1. Gardon
2. Tanche
3. Vandoise
4. Chevanne ou Meunier.
5. Véron

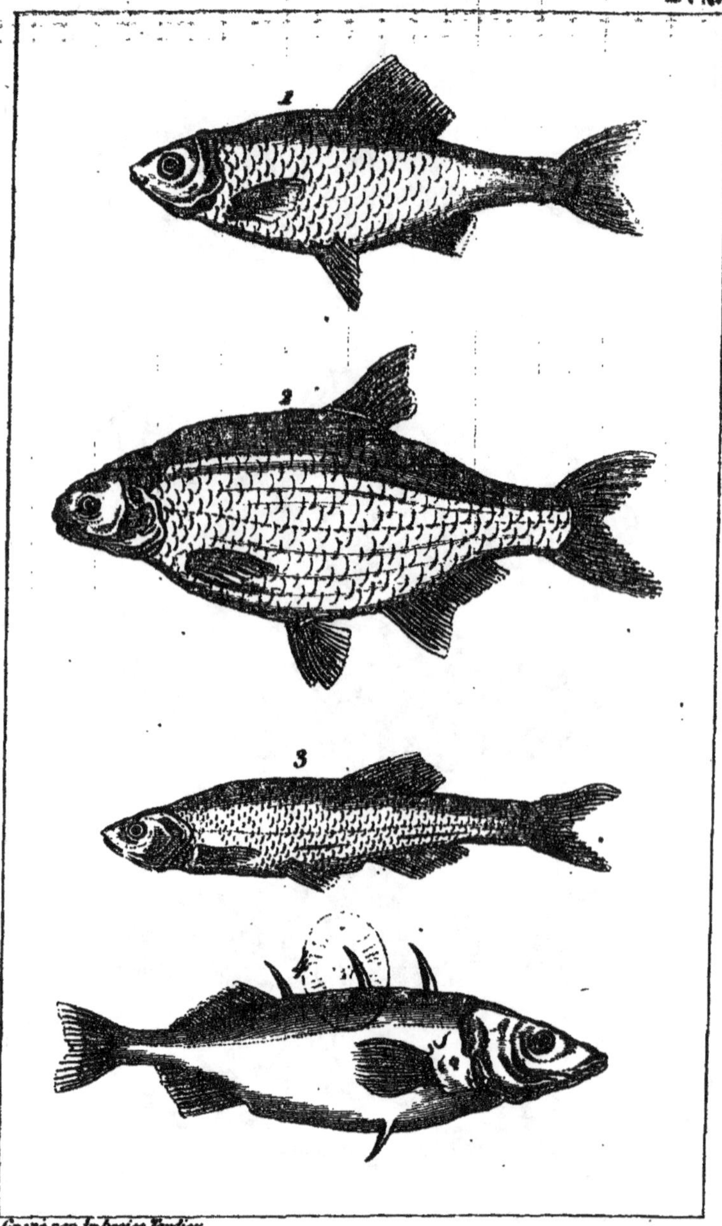

Gravé par Ambroise Tardieu.

1. Bouvière	3. Able ou Ablette
2. Brême	4. Epinoche

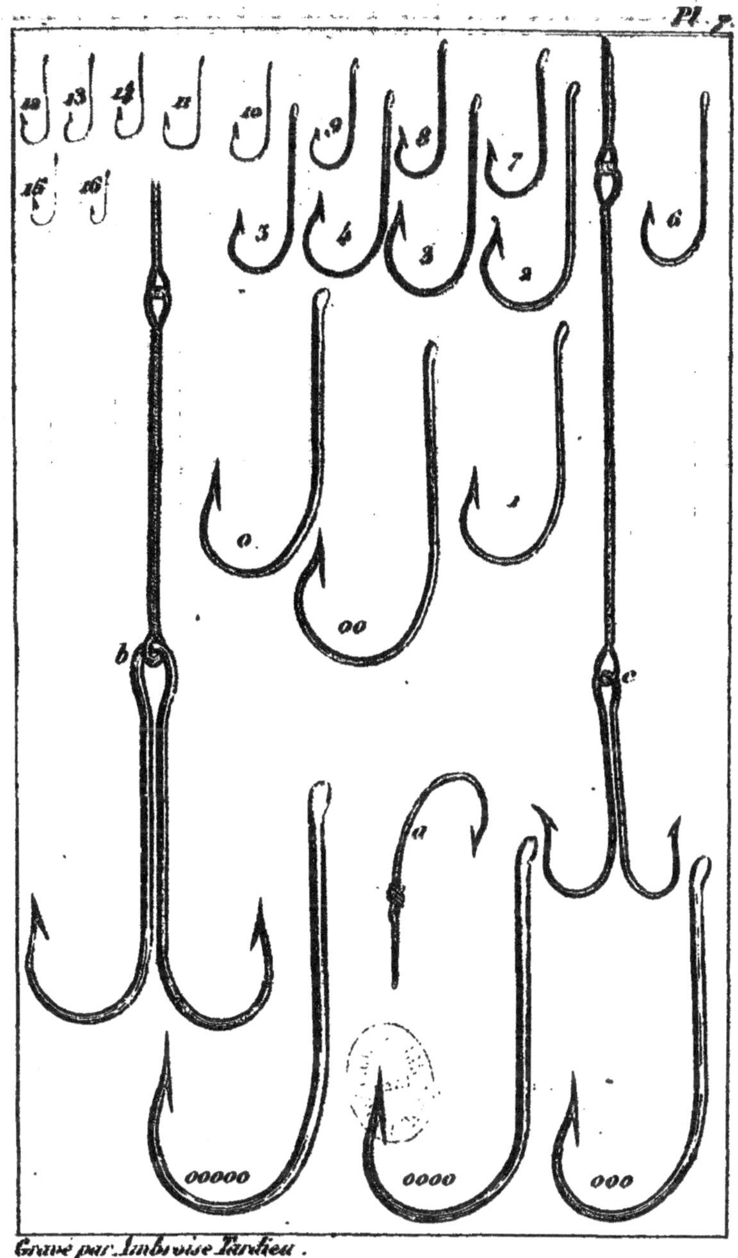

Gravé par Ambroise Tardieu.

Assortiment d'Hameçons.

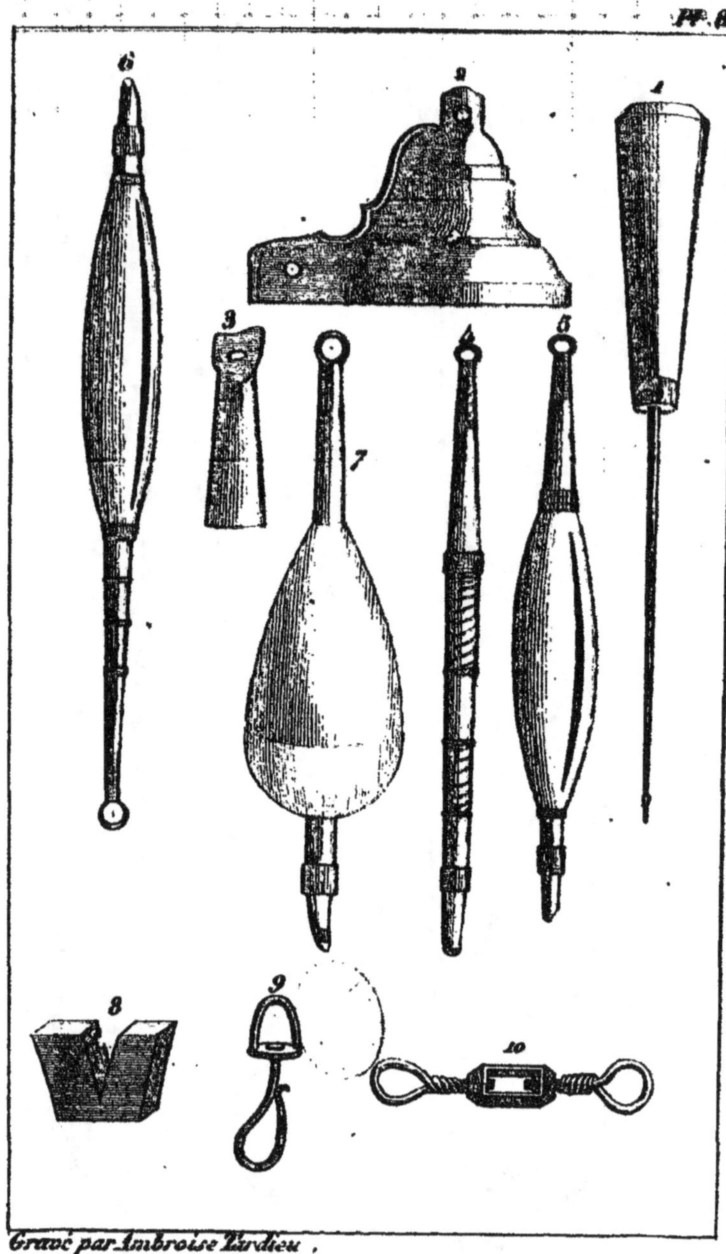

Jeu, Flotte, Bouchons, Mérillons, Sonde, Plomb.

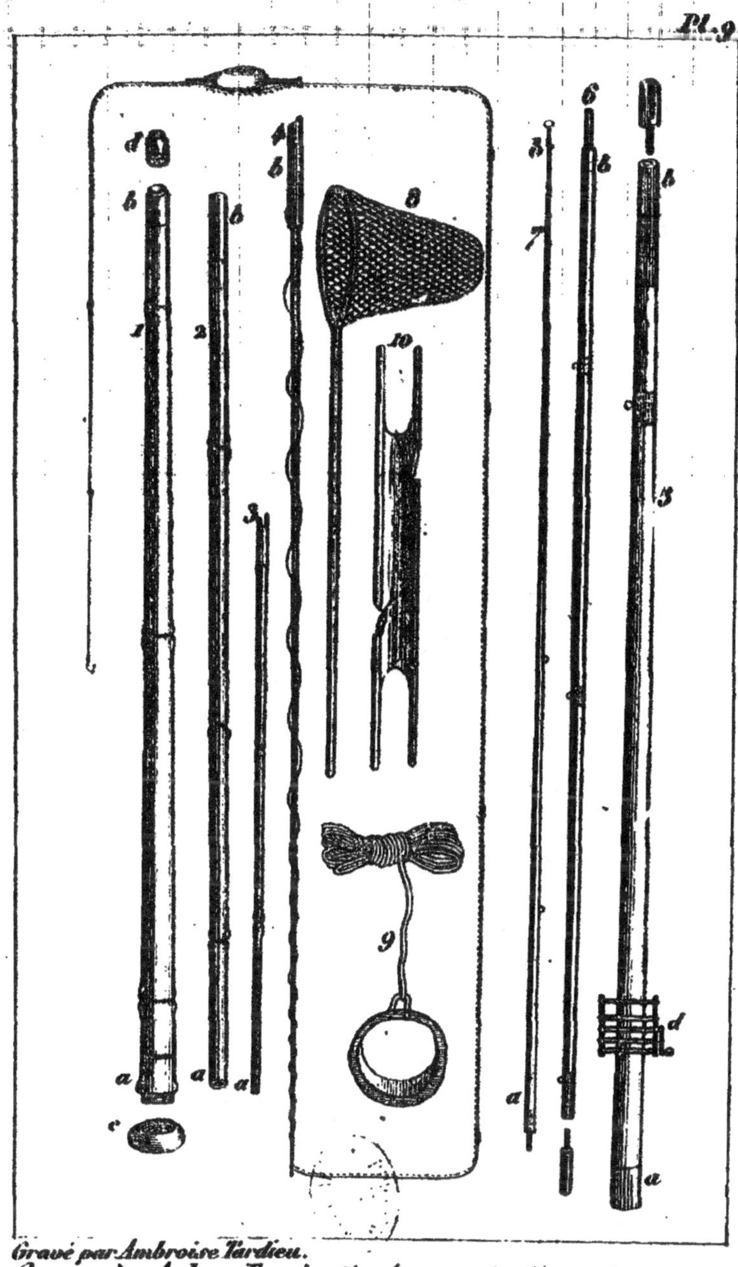

Gravé par Ambroise Tardieu.

Cannes à pêcher. Épuisette. Anneau à décrocher. Plioir.

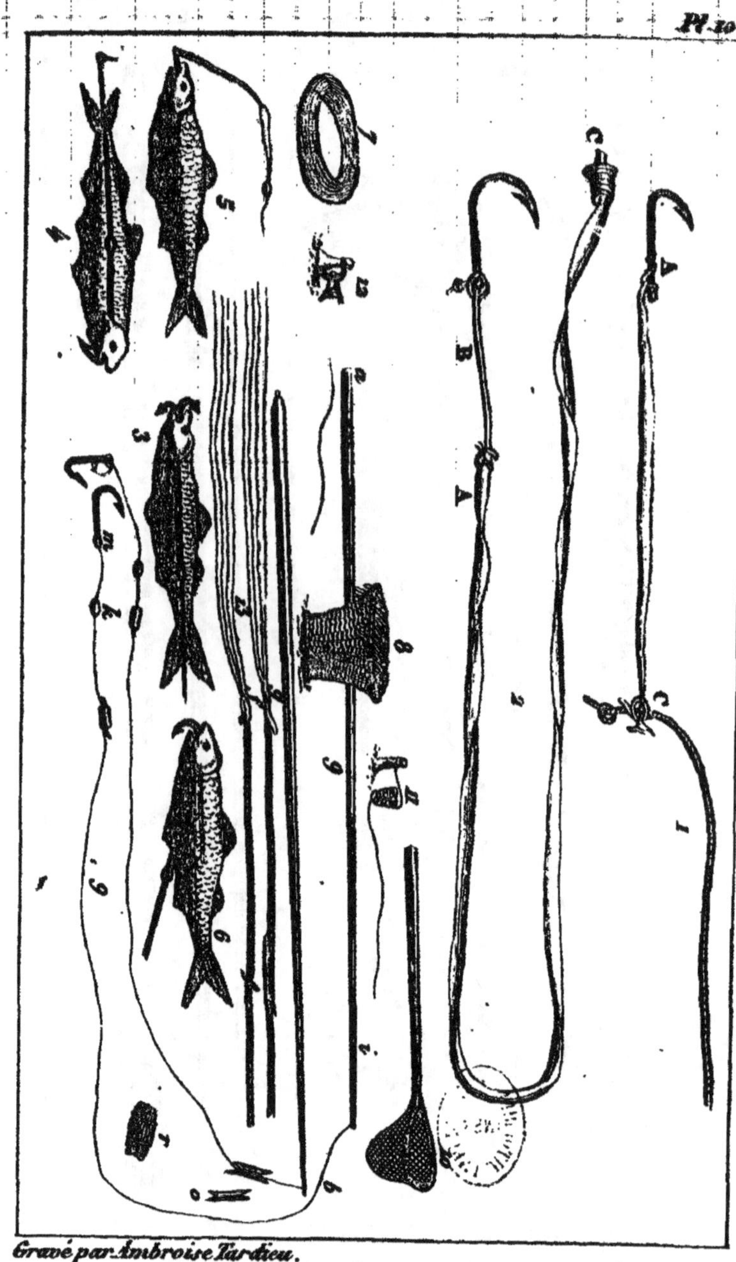

Gravé par Ambroise Tardieu.

Détails de la pêche à la Canne.

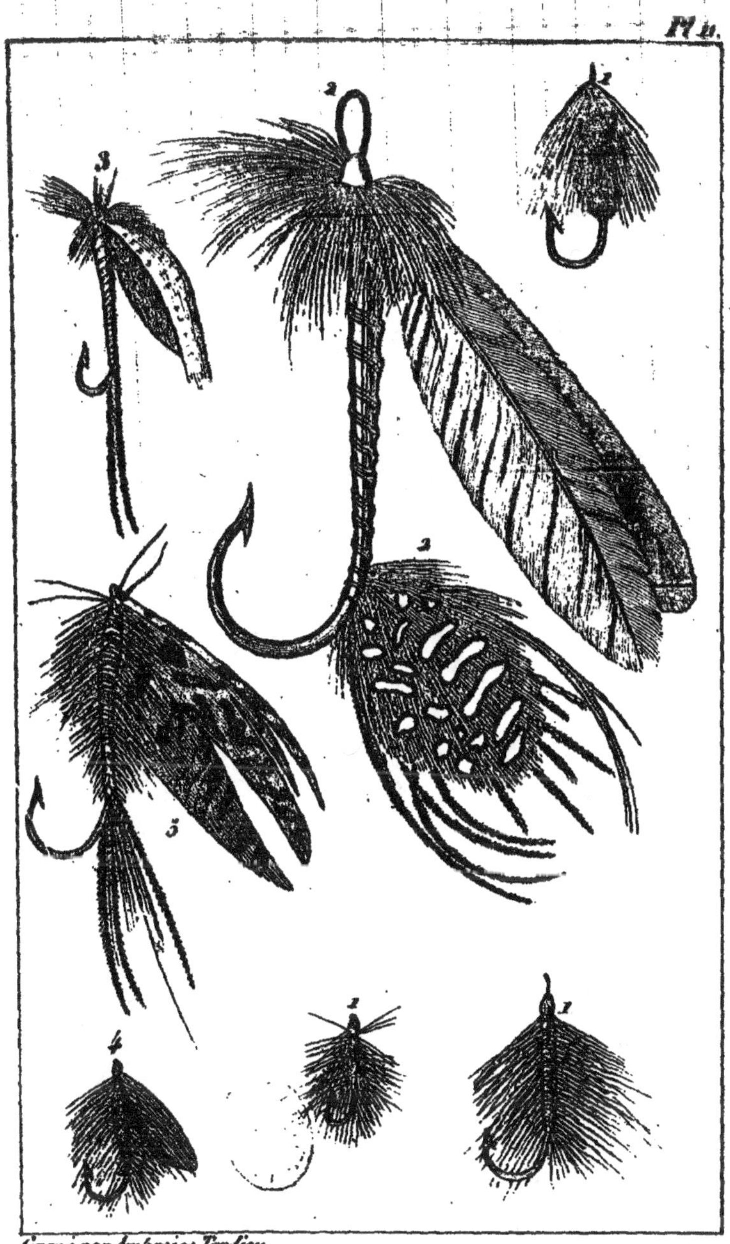

Gravé par Ambroise Tardieu.

Appâts artificiels. Araignées. Chenilles. Papillons.

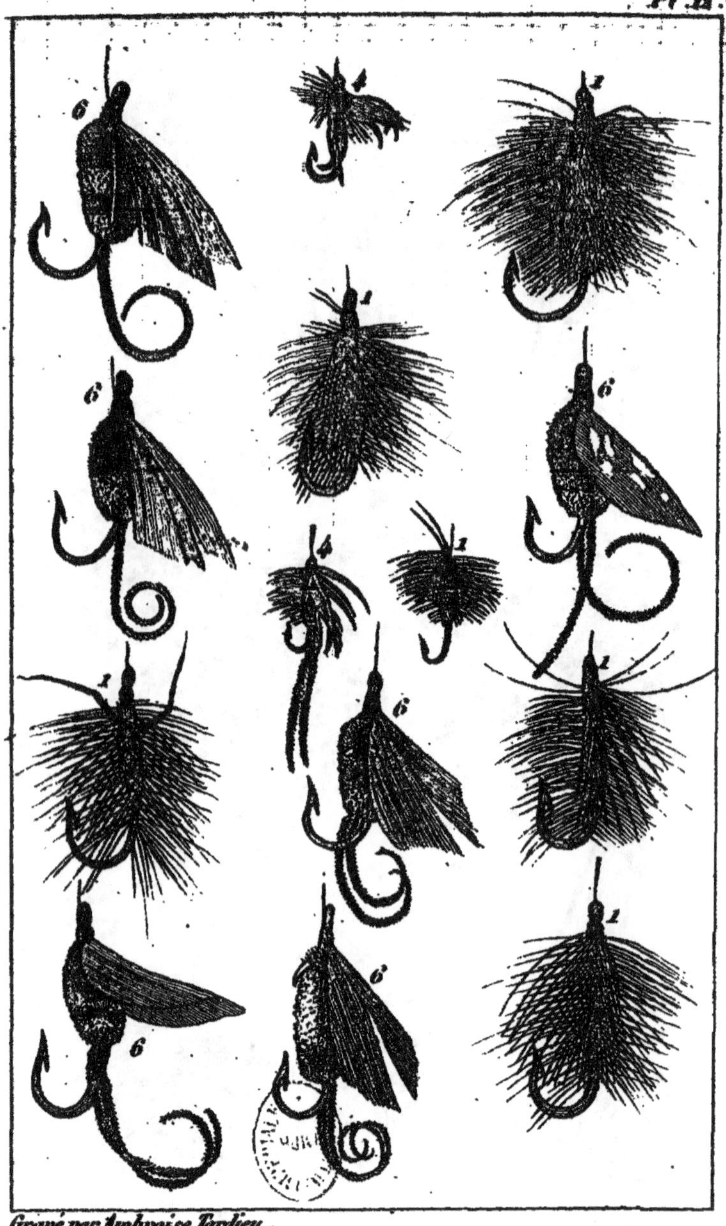

Gravé par Ambroise Tardieu.

Araignées, Chenilles, Fourmis ailées.

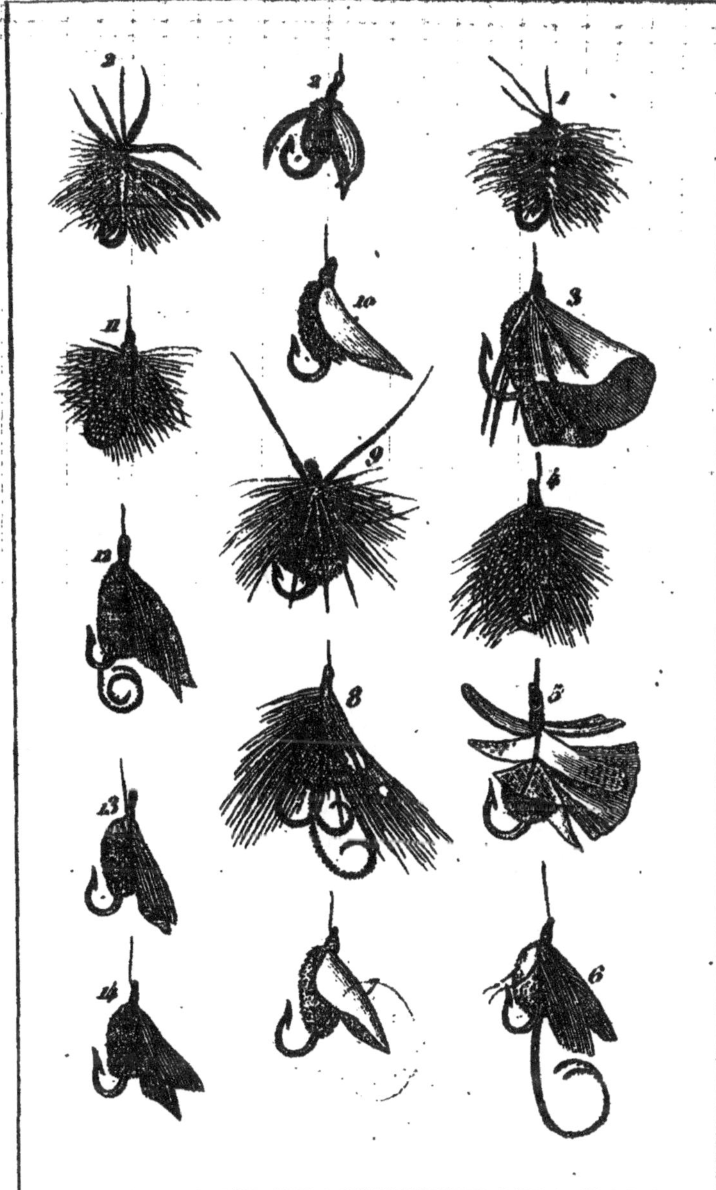

Araignées. Chenilles. Papillons.

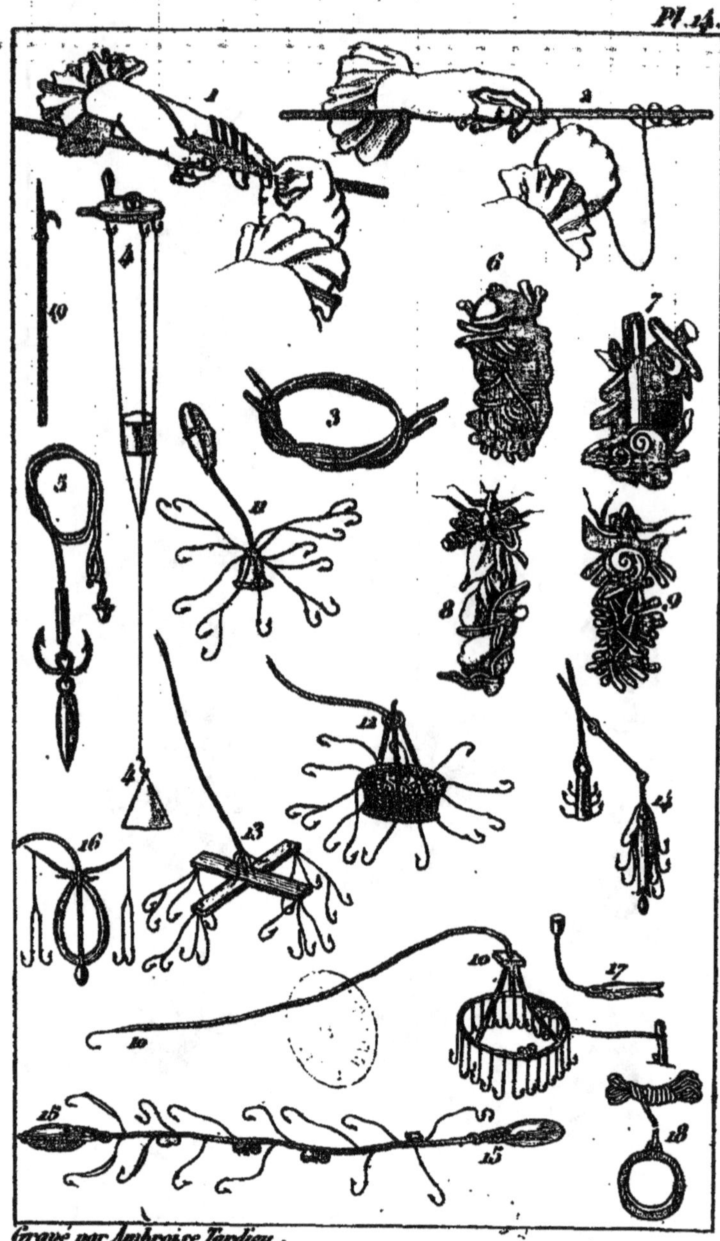

Manière de former une perche à pêcher. Nœud. Poulie. Fourreaux
d'insectes, Lignes avec hameçons &c.ª

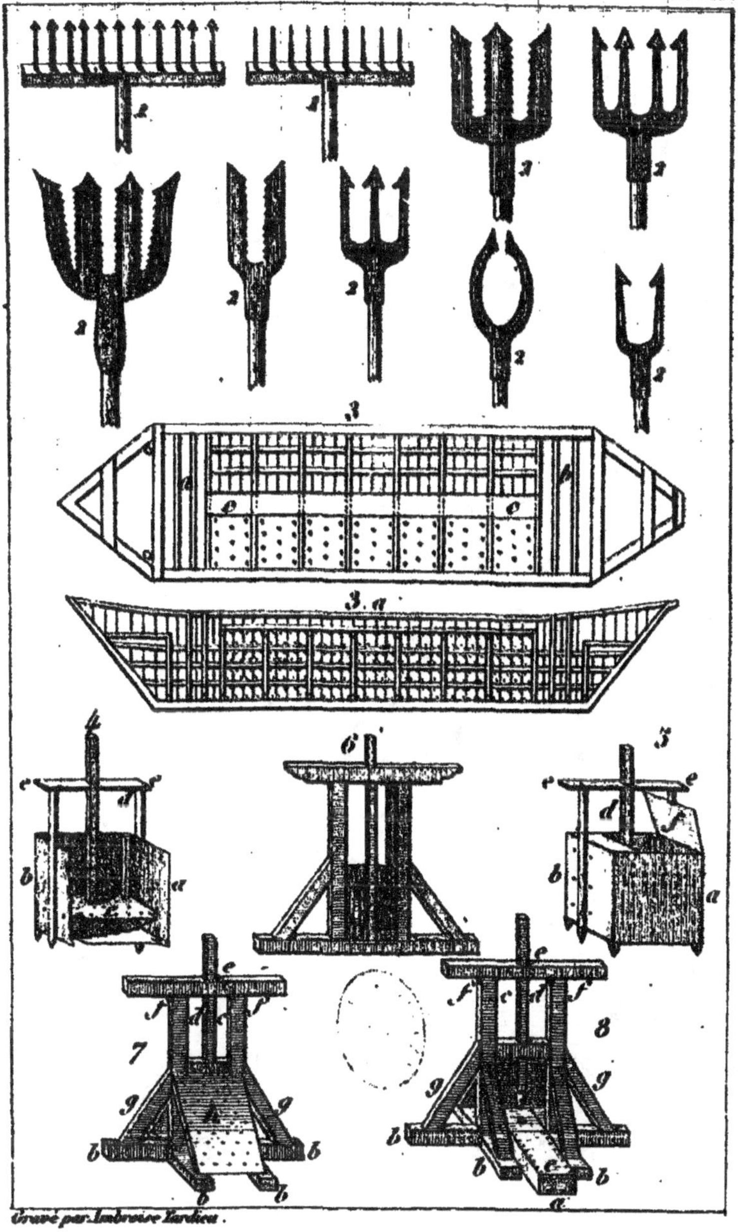

Fouanes. Vivier. Huche. Vanne. Bonde d'étang.

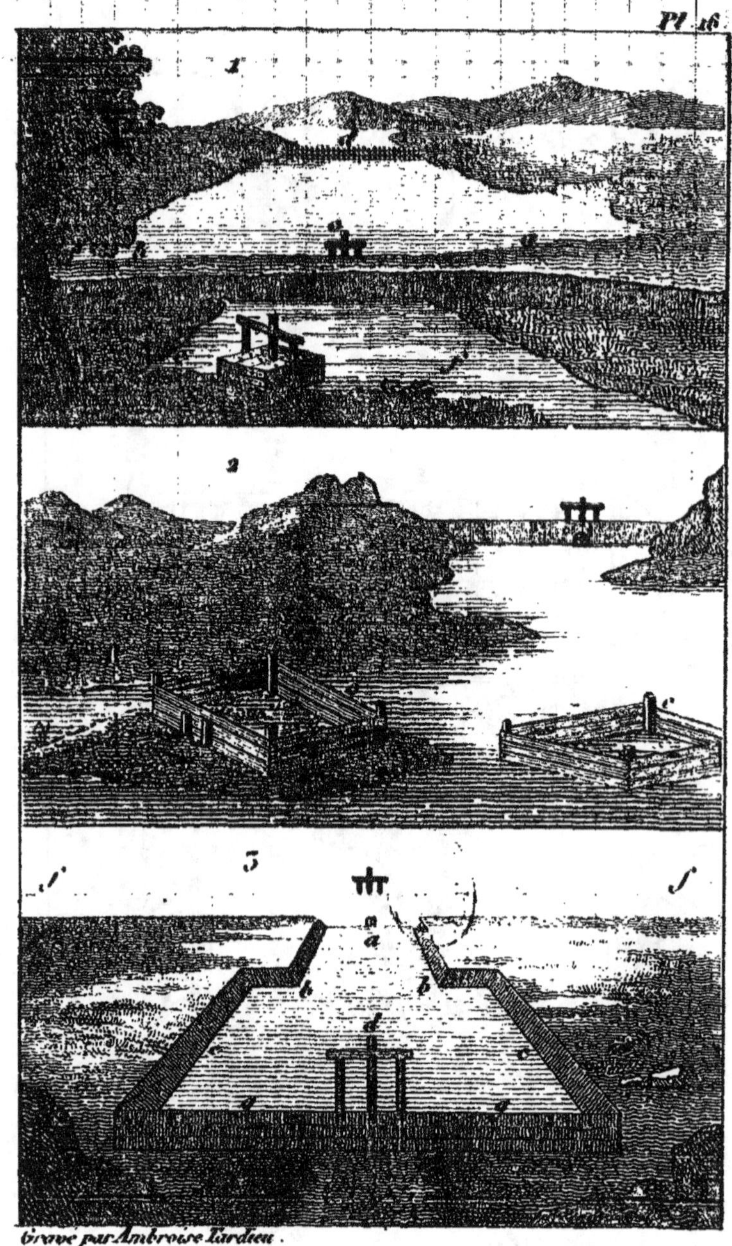

Gravé par Ambroise Tardieu.

Vue d'un étang. Chaussée. Tombereau.

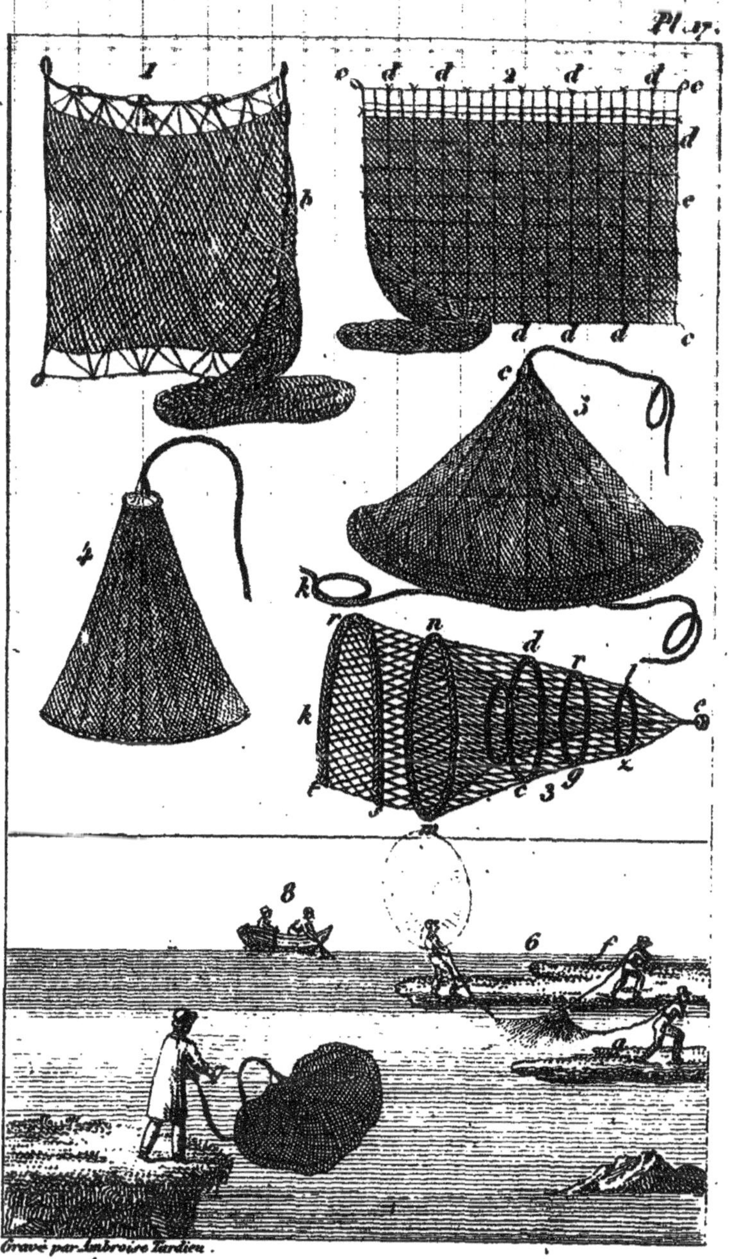

Tramail, Epervier, Verveux, Pêche à l'épervier.

Gravé par Ambroise Tardieu.

Echiquier, Tamis de Crin, Bourraques, Trubles, Bouteux.

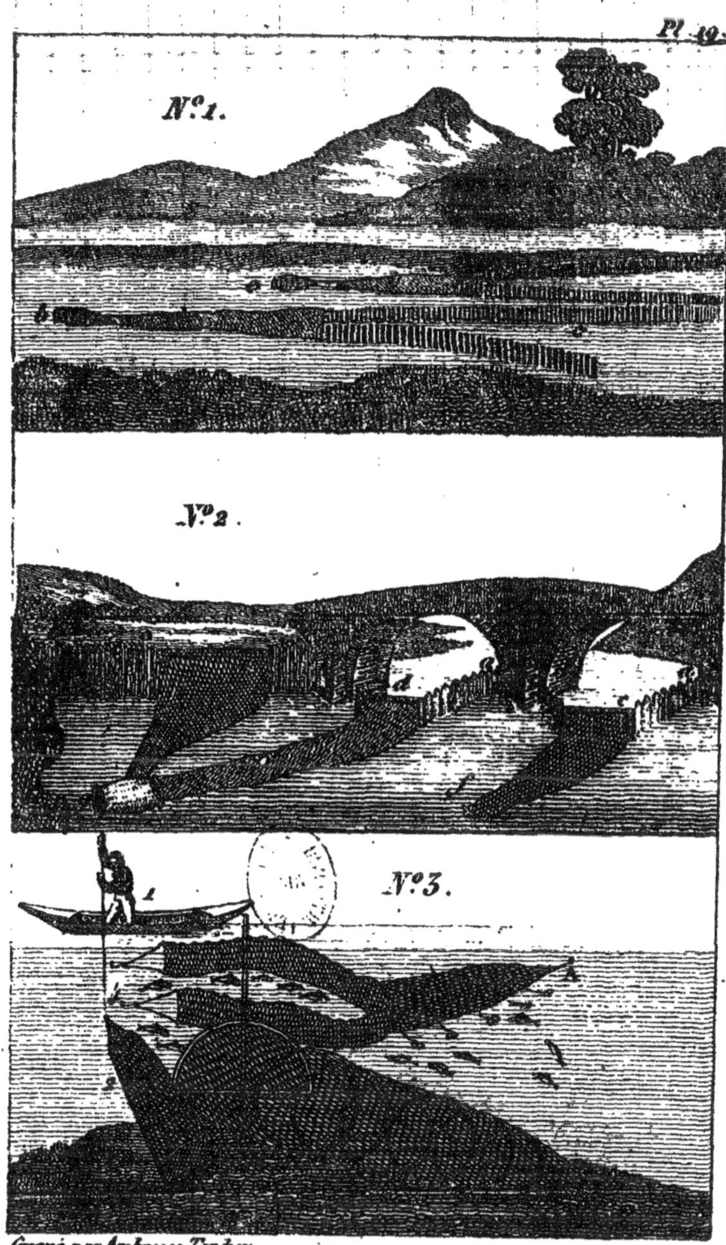

Gravé par Ambroise Tardieu.

Gors. Guideaux. Verveux.

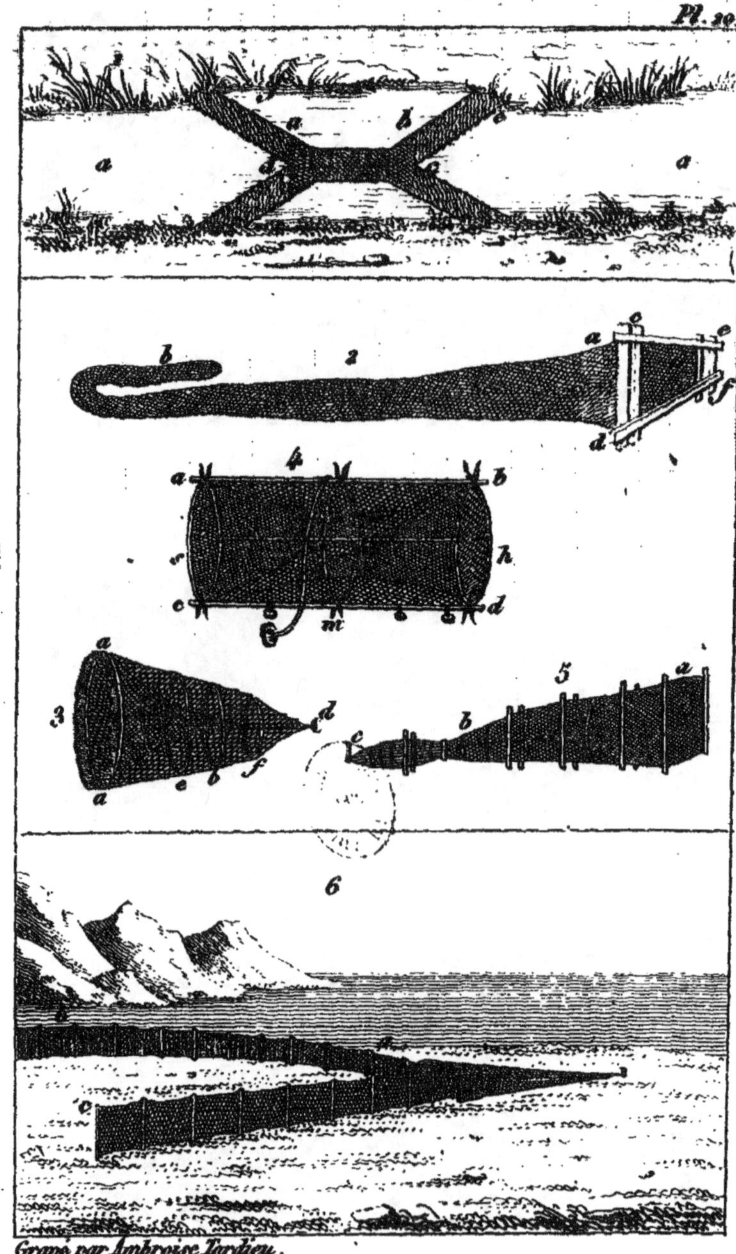

Gravé par Ambroise Tardieu.

Verveux double. Guideau. Verveux ordinaire. Verveux à deux
entrées. Verveux avec une nasse. Gor.

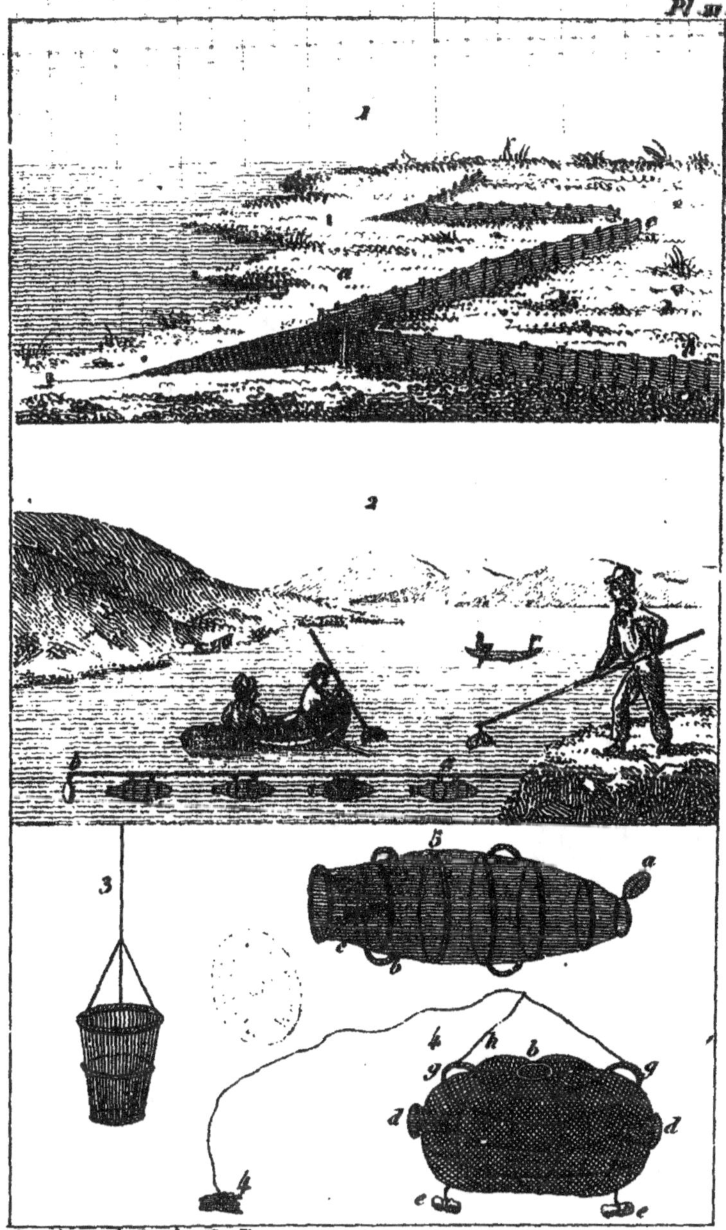

Gravé par Ambroise Tardieu.

Gor en Clayonnage, Nasse, Panier, Nasse de provence.

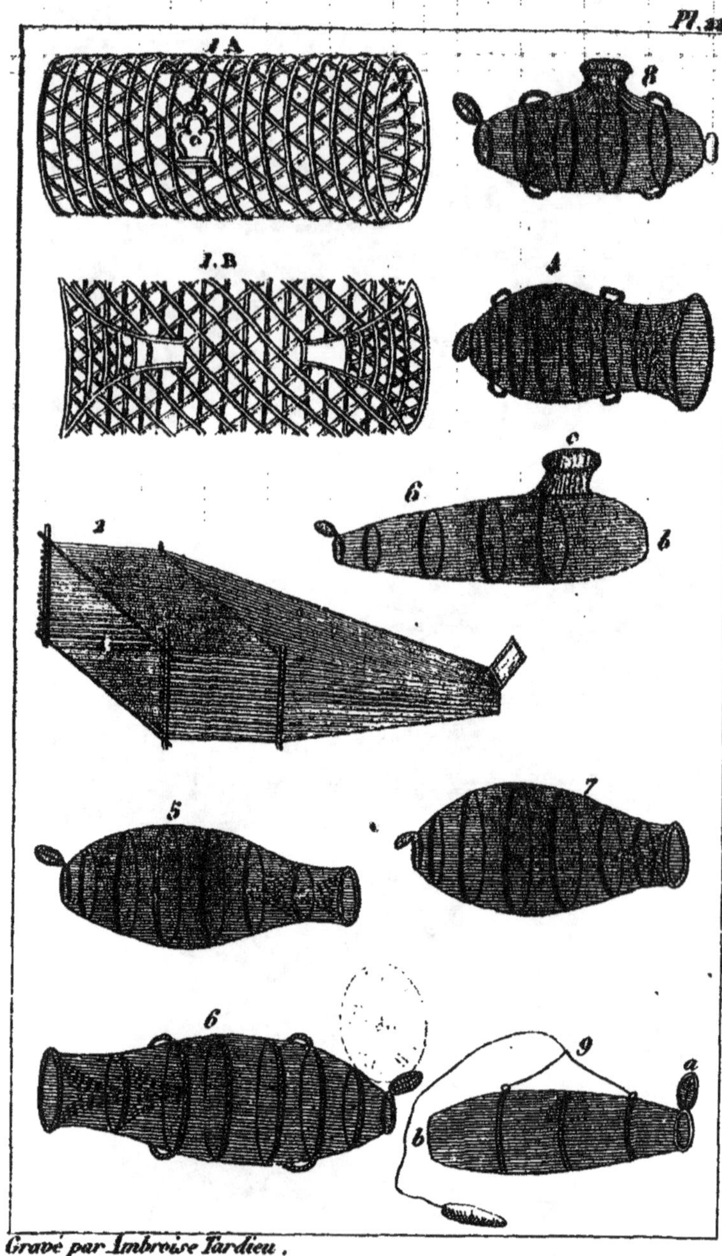

Gravé par Ambroise Tardieu.

Nasse ou lance. Différentes formes de Nasses.

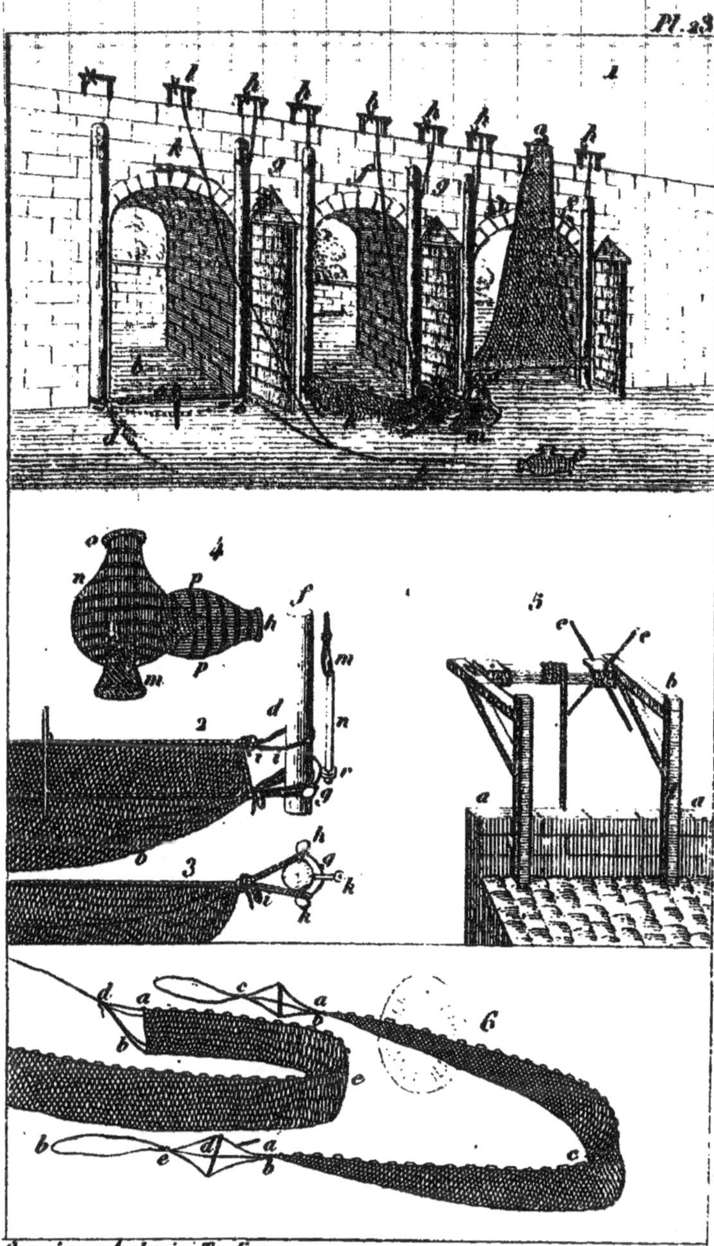

Gravé par Ambroise Tardieu.

Dideaux ou Guideaux aux arches d'un pont, Bire ou Bure.
Moulinet, Filet.

CATALOGUE
DES
LIVRES DE FONDS
QUI SE TROUVENT

CHEZ
ARTHUS BERTRAND, LIBRAIRE,
RUE HAUTEFEUILLE, N° 23, A PARIS.

Ouvrages publiés par souscription.

VOYAGE
AUTOUR DU MONDE,
Exécuté par ordre du Roi,
SUR LA CORVETTE DE SA MAJESTÉ, LA COQUILLE,
PENDANT LES ANNÉES 1822, 1823, 1824 ET 1825,

Sous le ministère et conformément aux instructions de S. Exc. M. le Marquis de Clermont-Tonnerre, et publié sous les auspices de S. Exc. M. le comte de Chabrol, ministre secrétaire-d'état de la marine et des colonies;

PAR M. L.-I. DUPERREY,
Capitaine de frégate, commandant de l'expédition.

SIX VOLUMES IN-4°,

Accompagnés de 4 atlas, formant au moins 376 planches, dont 230 environ coloriées, dessinées et gravées par les meilleurs artistes.

EXÉCUTION DE L'OUVRAGE.

L'atlas de la partie historique, dessiné par MM. Chazal et Lejeune, et celui de la partie hydrographique et nautique, seront gravés par M. Ambroise Tardieu, sous la surveillance immédiate du commandant de l'expédition.

Les planches de la zoologie et de la botanique seront dessinées par MM. Bessa, Bevallet, Guérin, Meunier, Prêtre, Prévost, Alphonse, Vauthier, et gravées par M. Coutant.

Le texte, grand in-4°, sera imprimé par MM. Firmin Didot, père et fils, avec des caractères neufs, fondus exprès, sur papier grand-raisin superfin des Vosges, satiné ; les planches seront tirées par M. Rémond, sur un quart de grand-aigle vélin.

ORDRE DE PUBLICATION.

Cet ouvrage aura quatre divisions. I. Zoologie ; II. Botanique ; III. Histoire du Voyage ; IV. Hydrographie et Physique.

La partie *Zoologique* (2 vol. in-4°, avec un atlas de 145 planches environ coloriées), rédigée par MM. Lesson et Garnot, médecins de la marine et naturalistes de l'expédition, sera publiée la première. Elle aura 25 à 27 livraisons. Il en paraîtra une par mois. Chaque livraison sera composée de 5 à 6 planches in-folio et de plusieurs feuilles de texte. C'est dans cette division du Voyage qu'on a placé les remarques relatives à la *Géologie*.

La partie *Botanique* (1 vol. in-4°, avec un atlas de 115 planches environ, dont 25 coloriées), par MM. Bory de Saint-Vincent et Adolphe Brongniart, rédigée sur les matériaux recueillis par M. d'Urville, botaniste de l'expédition, suivra immédiatement. Elle sera divisée en 15 ou 16 livraisons qui paraîtront tous les mois. Chaque livraison sera composée de 7 ou 8 planches accompagnées de leur texte explicatif.

L'*Histoire du Voyage*, (2 volumes in-4°, avec un atlas de 60 planches coloriées), à laquelle on a joint les vocabulaires des langues des sauvages, sera publiée concurremment avec la partie *Zoologique*. Elle formera 12 livraisons, composées chacune de plusieurs feuilles de texte et de 5 planches. Il paraîtra une livraison par mois.

La partie *Hydrographique, Nautique et Physique* (1 volume in-4°, avec un atlas de 56 planches format colombier), paraîtra dans le courant de l'année 1828.

Elle sera divisée en 10 livraisons, contenant chacune 5 à 6 planches et plusieurs feuilles de texte,

Chaque livraison de chacune des quatre parties, texte et planches satinés, avec couverture imprimée, coûtera aux souscripteurs, soit à l'ouvrage entier, soit aux trois premières parties.   12 fr.

Sur papier vélin satiné,   24 fr.

Sur papier vélin tiré à quinze exemplaires seulement et qui seront numérotés, doubles figures, noires et coloriées, avant et avec la lettre; les figures noires tirées sur papier de Chine.   30 fr.

Les souscripteurs à la quatrième partie seule paieront les mêmes prix; mais les souscriptions séparées à chacune des trois premières parties seront de 14, 28 et 36 francs.

La souscription a été fermée le premier janvier 1827. Les personnes qui n'ont pas souscrit avant cette époque, paient un franc de plus par chaque livraison parue, au moment où elles souscrivent.

La septième livraison a paru au mois de décembre 1827.   (Le prospectus se distribue.)

JOURNAL

DE LA NAVIGATION AUTOUR DU GLOBE,

DE LA FRÉGATE LA THÉTIS ET DE LA CORVETTE L'ESPÉRANCE, PENDANT LES ANNÉES 1824, 1825 ET 1826,

Parties sous le ministère de S. Exc. M. le marquis de Clermont-Tonnerre, pair de France,

PUBLIÉ PAR ORDRE DU ROI,

Sous le ministère de S. Exc. M. le comte de Chabrol-de-Crouzol, ministre de la marine et des colonies, pair de France;

PAR M. LE BARON DE BOUGAINVILLE,

Capitaine de vaisseau, commandant de l'expédition.

Un vol. in-4°, imprimé sur papier grand-raisin des Vosges, accompagné d'un Atlas composé de huit grandes cartes et de trente planches de zoologie, d'histoire naturelle, de vues, etc., la plus grande partie coloriées, tirées sur quart de grand-aigle des

Vosges vélin, dessinées et gravées par les meilleurs
artistes.   (Pour paraître en 1828.)
Prix du papier fin satiné.   125 fr.
— du papier vélin satiné.   250 fr.
— et du papier vélin avec les doubles figures noires
et coloriées, avant et avec la lettre; les figures noires
tirées sur papier de Chine, au nombre de 15 exemplaires numérotés.   550 fr.
Nota. Ces prix seront augmentés au 1er janvier
1829.
(Le prospectus se distribue.)

VOYAGE PITTORESQUE

AUTOUR DU MONDE,

Offrant des portraits de sauvages d'Amérique, d'Asie,
d'Afrique, et des îles du grand Océan ; leurs armes,
habillemens, ustensiles, canots, maisons, danses
et instrumens de musique; des paysages et des vues
maritimes; plusieurs objets d'histoire naturelle,
avec des descriptions par M. le baron Cuvier et
M. A. de Chamisso; et des crânes humains, accompagnés d'observations par le docteur Gall; le
tout dessiné et lithographié par M. Louis Choris,
peintre, dans le voyage qu'il a fait en 1815, 1816,
1817 et 1818, sur le brik *le Rurik*, commandé par
M. Otto Kotzebue, et armé aux frais de LL. le comte
de Romanzoff, chancelier d'État, etc.

L'ouvrage forme 22 livraisons. Chaque livraison est
composée de cinq planches in-folio, suivies d'un
texte descriptif de lieux, et des observations sur les
habitans. La dernière livraison contient une carte rou-
tière du voyage, dressée et dessinée par l'amiral de
Krusenstern.

Conditions de la souscription.

Pour faciliter l'acquisition de cet ouvrage, nous publions les 22 livraisons.
Prix de chaque livraison, avec les objets d'histoire
naturelle coloriés. 10 fr.
Avec la totalité des figures coloriées.   15 fr.

Pour recevoir chaque livraison franche de port, il faudra ajouter 5o c.

Les personnes qui s'engageront à prendre l'ouvrage entier, en trois ou quatre livraisons, de mois en mois, auront droit à une remise de 10 pour cent, sur le prix de chaque livraison.

VOYAGE

Pittoresque et Historique à Lyon,

Aux environs, et sur les rives de la Saône et du Rhône; par F. M. Fortis; 2 volumes in-8, papier fin, de l'imprimerie de Firmin Didot, avec un atlas in-fol. très-grand papier, composé de 20 planches gravées à l'*aqua-tinta* par Piringer, et accompagnées d'un texte.

L'ouvrage complet a été publié en dix livraisons, de deux planches chacune, avec un texte explicatif.

Prix de chaque livraison. 25 fr.

Les deux volumes du texte seront délivrés *gratis* aux personnes qui souscriront pour l'atlas. Celles qui ne voudront que les deux volumes du Voyage les paieront 14 fr.

Les personnes qui s'engageront à prendre l'ouvrage entier, dans l'espace de 6 mois, auront droit à une remise de 10 pour cent, par livraison.

ART DE VÉRIFIER LES DATES avant Jésus-Christ, 5 vol. in-8. 1re série. 40 fr.
LE MÊME, 1 volume in-4. 45 fr.
LE MÊME, 1 volume in-fol. 75 fr.
ART DE VERIFIER LES DATES, ou Histoire de tous les peuples, de tous les rois et de toutes les époques, depuis la naissance de Jésus-Christ. 18 vol. in-8. 2e série. 144 fr.
LE MÊME, 5 volumes in-4. 200 fr.
ART DE VERIFIER LES DATES, depuis 1770 jusqu'à nos jours, formant la continuation et la troisième

partie de l'ouvrage des Bénédictins de Saint-Maur, rédigée par une société de savans.

Cette 3e série formera 12 vol. in-8, ou 3 vol. in-4, ou 3 vol. in-fol.

Le prix du volume, pris à Paris pour les souscripteurs, est de 7 fr. pour l'in-8; de 45 fr. par vol. in-4; enfin, de 75 fr. par vol. in-folio.

Il a été tiré des exemplaires en papier vélin des 3 séries, sur format in-4 et in-folio, le prix est du double. (Huit vol. sont en vente au 1er mars 1828.)

COLLECTIONS
DE MACHINES, INSTRUMENS, USTENSILES, CONSTRUCTIONS, MACHINES, etc.,

Employés dans l'économie rurale, domestique et industrielle; 2 vol. in-4, imprimés à deux colonnes sur grand-raisin vélin, accompagnés de 200 planches sur papier vélin, représentant environ 1200 sujets très-bien lithographiés, d'après les dessins originaux faits dans diverses parties de l'Europe, par M. le comte de Lasteyrie; 2e édition, revue, corrigée, augmentée, et tirée seulement à cinq cents exemplaires.

Prix, dans les enveloppes, 88 fr. et cartonné,   90 fr.

Conditions de la souscription.

Pour faciliter l'acquisition de cet ouvrage, indispensable à tout propriétaire ou agriculteur, nous le publions en vingt-deux livraisons de dix planches chacune accompagnées de leur texte explicatif.

Le prix de chaque livraison est, pour Paris, de 4 fr., et pour les départemens, de 4 fr. 50 cent.

Il sera accordé une remise de 10 pour 100 aux personnes qui retireront l'ouvrage dans l'espace de six mois.

(Le prospectus se distribue.)

LES MÉTAMORPHOSES D'OVIDE,

Traduction nouvelle, avec le texte latin, suivie d'une analyse, de l'explication des Fastes, de notes géographiques, historiques, mythologiques et critiques; par M. G.-T. Villenave; ornée de 144 gravures, d'après les dessins de MM. Le Barbier, Monsiau et Moreau; 4 vol. in-8, grand-raisin. Prix, 192 fr.

LE MÊME, papier vélin, 384
LE MÊME, in-4, 384
LE MÊME, in-4, papier vélin, 672

Il sera accordé une remise de 10 pour 100 aux personnes qui s'engageront à prendre l'ouvrage entier dans l'espace de six mois.

ŒUVRES DE BUFFON,

Avec les parties complémentaires données par MM. de Lacépède, Daudin, Denis-Montfort, Latreille, Brisseau-Mirbel et autres; ouvrage formant un cours complet d'histoire naturelle; édition dite de Sonnini, en 127 volumes in-8, ornés de 1150 planches, la plus complète de toutes celles publiées jusqu'à ce jour. Il ne nous reste plus actuellement que 10 exemplaires de cette édition avec les figures d'ancien tirage.

Conditions de la souscription.

Chaque livraison est composée de 4 volumes brochés, avec une couverture imprimée : le prix de chaque livraison est de 13 fr.

Chaque livraison, figures coloriées, 26 fr.

Les personnes qui s'engageront, par écrit, à prendre l'ouvrage entier, en 4 livraisons, dans l'espace de six mois, ne paieront que 95 fr. chaque livraison, qui sera de trente-un volumes. Les trois volumes des

généraux en Assemblée nationale, le 20 juin 1789,
et accompagnés d'un discours historique composé
par une société de gens de lettres; 2 vol. in-fol.
imprimés sur papier vélin   400 fr.

Le premier volume contient les États-généraux,
l'Assemblée constituante, l'Assemblée législative. Le
deuxième se compose de la Convention et du gouvernement directorial; il est terminé par un discours sur
les événemens qui ont eu lieu depuis cette dernière
époque, jusqu'à la rentrée de S. M. Louis XVIII.

Les 223 gravures ou portraits in-folio, tirés sur papier vélin, ont été gravés au burin par les premiers
artistes de Paris, au nombre desquels on distingue les
Choffart, Duplessis-Bertaux, Copia, Coigny, Bovinet,
etc.; et le texte, qui est aussi in-folio, est imprimé
sur papier vélin superfin d'Annonay, avec de très-
beaux caractères.

Il ne reste que 100 exemplaires de cet ouvrage.

Conditions de la souscription.

Pour faciliter l'acquisition de cet ouvrage impor-
tant, nous le publions en 15 livraisons

Chaque livraison est composée de quinze planches
accompagnées de leur discours explicatif.

Prix de chaque livraison,   25 fr.

Les personnes qui s'engageront à prendre l'ouvrage
entier, en trois livraisons, de deux en deux mois,
ne paieront que 110 francs chaque livraison, qui
contiendra 75 planches suivies de leur texte. En
souscrivant ainsi, on jouit d'une bonification de 45 fr.
sur l'ouvrage complet,

Enfin, les personnes qui prendront de suite la totalité de l'ouvrage, ne paieront les deux volumes, bien
cartonnés à la Bradel, que 300 fr. au lieu de 400. Le
port des deux volumes, par roulage ou diligence,
sera à la charge de l'acquéreur.

TRAITÉ DES ARBRES ET ARBUSTES

Que l'on cultive en pleine terre, en Europe, et particulièrement en France, par DUHAMEL DU MON-
CEAU : édition augmentée de plus de moitié pour

le nombre des espèces, distribuée d'après un ordre plus méthodique, suivant l'état actuel de la botanique et de l'agriculture, rédigé par MM. Veillard, Jaume-Saint-Hilaire, Mirbel, Poiret, et continué par M. Loiseleur-Deslongchamps, contenant la description des arbres et arbustes d'agrément, des arbres fruitiers et forestiers; l'exposé des caractères du genre, des *espèces*, des *variétés*; leur culture, les moyens à prendre pour les naturaliser, le temps de la floraison et de la maturité de leurs fruits, les usages économiques et médicinaux, le lieu natal, l'époque où ils ont été apportés en Europe, et des remarques sur leurs noms anciens et modernes.

Ouvrage enrichi de cinq cents planches imprimées en couleur, d'après les dessins peints sur la nature par P. J. Redouté, et P. Bessa, peintre de S. A. R. Madame, duchesse de Berry. 83 livraisons, formant 7 vol. in-folio.

Cet ouvrage a été imprimé sur trois papiers différens; prix de chaque livraison :

Sur grand papier vélin, dit *nom de Jésus*, avec les figures très-bien coloriées.   40 fr.

Sur papier carré vélin, in-folio, figures coloriées.
                                                     25 fr.

Sur papier carré fin, in-folio, figures noires. 9 fr.
Le prospectus se distribue.

TRAITÉ DES ARBRES FRUITIERS,
PAR DUHAMEL DU MONCEAU;

Ouvrage extrait du traité des arbres et arbustes; nouvelle édition, revue et augmentée de plus de moitié, pour le nombre des espèces, par MM. Mirbel, Poiret et Loiseleur-Deslongchamps, contenant la description des arbres donnée par Duhamel, et celle d'un grand nombre d'individus échappés à ses recherches, ou bien obtenus par les progrès de la culture et par les voyages les plus récens; avec l'exposé des caractères distinctifs des genres, des espèces et des variétés; leur culture, leurs usages économiques, et des remarques nouvelles faites par l'expérience des plus habiles cultivateurs et jardiniers. Ouvrage enrichi de cent cinquante planches imprimées en couleur, d'après les dessins peints sur la nature ; par P.-J. Redouté, et P. Bessa, peintre de S. A. R. Madame, duchesse de Berry, 25 livraisons formant 2 vol. in-folio.

Cet ouvrage, comme le traité des arbres et arbustes du même auteur, a été tiré sur trois papiers. Prix de chaque livraison :

Sur grand papier vélin, dit *nom de Jésus*, avec les figures très-bien coloriées.   30 fr.

Sur papier carré vélin, in-folio, figures coloriées.
                                                     25 fr.

Sur papier carré fin, in-folio, figures noires. 9 fr.
(Le prospectus se distribue.)

Nota. On peut ne retirer, de l'un ou de l'autre ouvrage, qu'une livraison par mois ; ou bien un demi-vol., un vol., ou enfin *l'ouvrage complet*, alors on aurait droit à une remise de 10, 15, 20 pour 100.

TRAITE GÉNÉRAL
DES EAUX ET FORÊTS, CHASSES ET PÊCHES,

COMPOSÉ

1° D'UN RECUEIL CHRONOLOGIQUE DES RÉGLEMENS FORESTIERS, depuis 1515 jusqu'en 1825, 8 livraisons ou 3 volumes in-4°, ornés de tableaux et de figures (*en vente*) ;

2° D'UN DICTIONNAIRE DES EAUX ET FORÊTS, 5 livraisons, ou 2 volumes in-4°. avec ATLAS (*en vente*) ;

3° D'UN DICTIONNAIRE DES CHASSES, 1 vol. in-4°, avec ATLAS (*sous presse*) ;

4° D'UN DICTIONNAIRE DES PÊCHES, 1 vol. in-4°, avec ATLAS (*en vente*) ;

par M. Baudrillart,

CHEF DE DIVISION A L'ADMINISTRATION DES FORÊTS, ETC.

Le RECUEIL CHRONOLOGIQUE DES RÉGLEMENS contient les ordonnances, édits et déclarations des rois de France, les arrêts du conseil et des cours souveraines ; les

lois, arrêtés du gouvernement, décrets, ordon‑
nances du Roi, arrêts de la cour de cassation, dé‑
cisions ministérielles, circulaires et instructions ad‑
ministratives.

Il forme en ce moment huit livraisons, dont la
dernière comprend l'année 1825. Chaque livraison est
de 9 fr. ; l'année 1824 est de 7 fr., et 1825 de 6 fr.
Prix des huit livraisons imprimées sur deux colonnes.

67 fr.

Le Dictionnaire général, raisonné et historique des
Eaux et Forêts, contient l'analyse des lois, ordon‑
nances, arrêts et instructions, la police et la conserva‑
tion des forêts ; les diverses méthodes de culture,
d'aménagement et d'exploitation ; l'architecture na‑
vale, la botanique, la minéralogie, etc. , appliquées
à l'économie forestière ; avec l'étymologie et l'ex‑
plication des termes forestiers et autres, employés
dans l'ouvrage.

Il forme cinq livraisons, ou deux forts volumes
in-4°, avec un atlas qui contient un grand nombre de
planches. Prix,

60 fr.

Le Dictionnaire des pêches a été publié en un volume
du même format et du même caractère que les deux
parties qui ont déjà paru.

Il contient l'histoire des poissons, l'explication
des termes de pêche et de navigation ; la description
des appâts, instrumens, filets, engins et procédés
de toute espèce qui sont employés pour prendre le
poisson, avec les dispositions réglementaires, tant
sur la pêche fluviale que sur la pêche maritime.

Il est accompagné d'un bel atlas, format grand
in-4, de 44 planches, représentant au moins cent
figures de poissons de mer et de rivière, et diverses
sortes de pêcheries avec les instrumens qui y sont
propres. Prix :

34 fr.

Le Dictionnaire des chasses paraîtra dans le courant
de 1828 ; il contiendra l'histoire des animaux qui
font l'objet de la grande et de la petite chasse, l'ex‑
plication des termes de chasse, la description des
armes, instrumens, piéges, filets, engins, procédés de

toute espèce employés dans cet art, et les dispositions réglementaires sur l'exercice de la chasse dans les bois et en plaine.

Il formera un fort volume in-4, et sera accompagné d'un atlas de même format que celui du *Dictionnaire des Pêches*. Cet atlas contiendra environ cinquante planches représentant les différentes races de chiens de chasse, les quadrupèdes et les oiseaux qui font l'objet d'une chasse quelconque, et tous les instrumens et piéges qui servent à tuer ou à prendre les animaux. Prix pour les souscripteurs, 45 fr.

Il sera publié par souscription et divisé en trois livraisons. Le prix de chaque livraison sera de 15 fr.

Chaque livraison parue sera augmentée de 2 francs pour les personnes qui n'auront pas souscrit.

Chaque partie du Traité général des Eaux et Forêts, Chasses et Pêches, se vend séparément.

Le prospectus se distribue.

CODE FORESTIER,

PRÉCÉDÉ DE LA DISCUSSION AUX CHAMBRES, ET SUIVI DE L'ORDONNANCE RÉGLEMENTAIRE;

AVEC UN COMMENTAIRE
Des articles du Code et de l'Ordonnance;

SEUL OUVRAGE
ADOPTÉ PAR M. LE CONSEILLER D'ÉTAT, DIRECTEUR GÉNÉRAL DES FORÊTS,

ET PUBLIÉ

PAR M. BAUDRILLART,

Deux vol in-12, le prix est, pour Paris, 10 fr.; par la poste, 12 fr. 50 c. Chaque vol. se vend séparément 6 fr.; par la poste, 7 fr. 50 c.

UNE COLLECTION

DE VOYAGES DANS LES QUATRE PARTIES DU MONDE,

Comprenant 80 vol. in-8 avec des atlas, des cartes, et une grande quantité de figures. Prix, 500 fr.

Le détail de ces voyages se trouve à la fin du catalogue. Les articles astérisqués * ne font point partie de cette collection ; ils se vendent séparément.

OUVRAGES NOUVEAUX.

BIBLIOTHÈQUE (NOUVELLE) D'UN HOMME DE GOUT, contenant les jugemens tirés des journaux les plus connus, et des critiques les plus estimés, sur les meilleurs ouvrages qui ont paru dans tous les genres, tant en France que chez l'étranger, par M. Barbier, bibliothécaire du Roi, 5 vol in-8, papier fin, 25 fr.

Les tomes 4 et 5 se vendent séparément. Prix de chaque volume, 6 fr.

COURS (LES) DU NORD, ou Mémoires originaux sur les souverains de la Suède et du Danemarck, depuis 1766 ; traduits de l'anglais de John Brown, par J. Cohen. On a joint à ces Mémoires l'Histoire de la révolution de 1772, la Relation de la déposition de Gustave IV Adolphe, écrite par lui-même, pièce inédite ; 3 vol. in-8, ornés des vues de Copenhague, de Stockholm, et de sept portraits, 21 fr.

ÉCONOMIE POLITIQUE, ouvrage traduit de l'allemand de Schmalz, conseiller intime du Roi de Prusse et professeur de droit, etc ; par M Jouffroy, et annoté sur la traduction, par M. Fritot, avocat à la cour royale de Paris, auteur de *la Science du Publiciste*, etc ; 2 vol. in-8, imprimerie de Firmin Didot, 1826, 14 fr.

ÉLOGE DE PIE VI, avec l'Histoire religieuse de l'Europe sous son pontificat, accompagné de pièces officielles et de documens authentiques, et précédé d'un discours préliminaire sur les papes qui ont régné pendant le dix-huitième siècle ; par M. Charles du Rozoir, professeur d'histoire à la Faculté des lettres de Paris et au collége de Louis-le-Grand ; un fort vol. in-8, portrait, 7 fr.

Le même ouvrage, papier vélin, 14 fr.

ESSAI SUR L'HISTOIRE DE LA NATURE, ouvrage dédié au Roi, par MM. Gavoty et Toulouzan, 3 forts vol. in-8, 20 fr.

GEOFFROY RUDEL, OU LE TROUBADOUR, poëme en huit chants, suivi de notes, par M. de Lantier, auteur des Voyages d'Anténor, du Voyage en Espagne, etc., etc.; 1 vol. in-8, imprimé par F. Didot, et orné d'une jolie vignette, 6 fr.

La première édition de ce poëme a été épuisée en peu de mois.

Nota. Les Œuvres complètes de Lantier se publient par souscription.

HISTOIRE DE L'ÉGYPTE sous le gouvernement de Mohammed-Aly-Pacha, ou Récit des événemens politiques et militaires qui ont eu lieu depuis le départ des Français jusqu'en 1823; par M. Félix Mengin; ouvrage enrichi de notes par MM. Langlès et Jomard, et précédé d'une introduction historique par M. Agoub; 2 gros vol. in-8, imprimés sur beau papier, accompagnés d'un atlas très-bien lithographié, figures noires, 22 fr.

LE MÊME OUVRAGE, figures coloriées, 27 fr.

LE MÊME OUVRAGE, papier vélin superfin, 45 fr.

HISTOIRE DE JEANNE D'ARC, surnommée pendant sa vie la Pucelle, et après sa mort la Pucelle d'Orléans; tirée de ses propres déclarations consignées dans les grosses authentiques des procès-verbaux des interrogatoires qu'elle subit à Rouen; par M. Lebrun de Charmettes; 4 forts volumes in-8, avec sept jolies figures et le portrait de Jeanne d'Arc, 25 fr.

MÉMOIRES DE LA MARGRAVE D'ANSPACH, écrits par elle-même, contenant les Observations recueillies par cette princesse dans les diverses cours de l'Europe, ainsi que des Anecdotes sur la plupart des princes et autres personnages célèbres de la fin du dix-huitième siècle; traduits de l'anglais par J.-T. Parisot; 2 vol. in-8, ornés de portraits, 1826, 14 fr.

MÉMOIRES DE M. LE BARON DE BESENVAL, écrits par lui-même, imprimés sur le manuscrit original, et publiés par M. de Ségur, contenant

beaucoup de particularités et d'anecdotes sur les
Ministres et les règnes de Louis XV et Louis XVI,
et sur les événemens du temps; précédés d'une notice sur la vie de l'auteur; 4 vol. in-8, avec le portrait de M. Besenval,   24 fr.
Le même ouvrage, papier vélin,   35 fr.
  Le tome 4 se vend séparément,   6 fr.

MÉMOIRES SUR LA VIE PRIVÉE, POLITIQUE ET
  LITTÉRAIRE DE R. B. SHÉRIDAN; par Thomas
  Moore, traduits de l'anglais par J.-T. Parisot; 2 v.
  in-8, portrait, 1826,   14 fr.

QUADRILLE (LE) DES ENFANS, ou Système nou-
  veau de lecture, avec lequel tout enfant de quatre à
  cinq ans peut, par le moyen de 84 fig. coloriées,
  être mis en état de lire dans toutes sortes de livres
  en trois ou quatre mois ; par Berthaud. Un v. in-8,
  84 figures, édition originale acquise des héritiers de
  l'auteur, avec les 84 fiches, neuvième édit., 15 fr.

SOUVENIRS (MES) DE VINGT ANS DE SÉJOUR A
  BERLIN; ou Frédéric-le-Grand, sa famille, sa
  cour, son gouvernement, son académie, ses écoles
  et ses amis littérateurs et philosophes; par Dieu-
  donné-Thiébault, troisième édition, revue, corrigée et augmentée par M. Dampmartin; 4 v. in-8,
  avec le portrait du grand Frédéric et celui de l'auteur. Au lieu de 25 fr.   15 fr.

STATISTIQUE GÉNÉRALE ET PARTICULIÈRE
  DE LA FRANCE ET DE SES COLONIES, avec
  une description topographique, physique, agricole,
  politique, industrielle et commerciale de cet état,
  avec un *Atlas* grand in-4; contenant 19 tableaux
  et 9 grandes et belles cartes, tant de la France et de
  sa navigation intérieure, que des colonies et éta-
  blissemens français dans les quatre parties du monde;
  dressées par J.-B. Poirson, et gravées en taille-
  douce par Tardieu l'aîné, etc.; par une société de
  gens de lettres et de savans; 7 forts vol. in-8, atlas,
                                                         52 fr.

VIE DE JACQUES II, ROI D'ANGLETERRE, tirée
  des écrits de sa propre main; ouvrage publié par
  ordre du Prince-Régent, par J.-S. Clarke, docteur

es-lois, traduit de l'anglais par M. Cohen; 4 vol.
in-8, ornés d'un joli portrait,   24 fr.
AVENTURES DE LA FAMILLE DOLONE, ou la
bonne et la mauvaise Compagnie, par M. J. de
Loyac, chevalier de St.-Louis, ancien capitaine
d'infanterie, 4 vol. in-12,   12 fr.
VINGT-QUATRE HEURES D'UNE FEMME SEN-
SIBLE, ou une grande leçon, par madame la
princesse de Salm, in-18, grand-raisin vélin, fig.
Deuxième édition,   3 fr. 50 c.
Le même ouvrage, 1 vol. in-8, figure,   4 fr.
VOYAGEUR (LE) SENTIMENTAL, ou ma Prome-
nade à Yverdun. Nouvelle édition, augmentée et
suivie d'un second voyage fait par l'auteur 40 ans
après; par M. Vernes de Luze; 2 vol. in-12, fig.,
                                                        6 fr.
VOYAGE DE DÉCOUVERTES AUX TERRES AUS-
TRALES, fait par ordre du gouvernement, sur les
corvettes *le Géographe*, *le Naturaliste*, et la goëlette
le Casuarina, pendant les années 1800, 1801, 1802,
1803 et 1804; rédigé par Péron, et continué par
M. Louis de Freycinet; seconde édition, revue,
corrigée et augmentée par M. Louis de Freycinet;
4 vol. in-8, avec un superbe atlas grand in-4 de
soixante-huit planches noires ou coloriées, dessinées et gravées par les meilleurs artistes. Vingt-
cinq de ces planches sont publiées pour la première
fois,   72 fr.
Le même ouvrage, papier vélin,   120 fr.
(Le prospectus se distribue,)
Les 25 planches inédites se vendent séparément, 18 fr.
VOYAGE EN ANGLETERRE ET EN RUSSIE, pendant les années 1821, 1822 et 1823, avec un atlas,
de vingt-neuf planches gravées ou lithographiées;
par Edouard de Montulé, chevalier de la Légion-
d'Honneur, auteur du *Voyage en Amérique, en*
Sicile et en Egypte; 2 vol. in-8, atlas,   27 fr.
Le même ouvrage, sans atlas,   14 fr.
VOYAGE EN ALLEMAGNE, dans le Tyrol et en Ita-
lie, pendant les années 1804, 1805 et 1806; par
Mad. de La Recke, née comtesse de Méden, etc.;

traduit de l'allemand par Mad. la baronne de Montolieu ; 4 vol. in-8.   20 f.
RELATION DES VOYAGES EN ITALIE, suivie
d'observations sur les anciens et les modernes, avec
des tableaux historiques à l'appui ; par M. Alp. Du-
pré ; 2 vol. in-8. fig.,   14 fr.
HISTOIRE COMPLÈTE DES DÉCOUVERTES ET
VOYAGES faits en Afrique, depuis les siècles les
plus reculés, jusqu'à nos jours ; accompagnée d'un
précis géographique sur ce continent et les îles qui
l'environnent ; de notices étendues sur l'état physique, moral et politique des divers peuples qui l'ha-
bitent, et d'un tableau de son histoire naturelle ;
par le docteur Leyden et Murray ; traduit de l'anglais par M. Cuvillier, et augmentée des découvertes
faites jusqu'à ce jour ; 4 vol. in-8., avec un atlas
in-4. de cartes géographiques,   30 fr.
RECHERCHES GÉOGRAPHIQUES sur l'intérieur
de l'Afrique septentrionale, comprenant l'histoire
des Voyages entrepris ou exécutés jusqu'à ce jour
pour pénétrer dans l'intérieur du Soudan ; l'exposi-
tion des systèmes géographiques formés sur cette
contrée ; l'analyse des divers itinéraires arabes pour
déterminer la position de Tombouctou, et l'examen
des connaissances des anciens sur l'Afrique ; suivie
d'un appendice traduit par M. le baron Sylvestre de
Sacy et M. Delaporte ; par M. Walckenaer, de l'In-
stitut ; un fort vol. in-8, avec une grande carte.
Imprimerie de Firmin Didot,   9 fr.
VOYAGES ET DÉCOUVERTES DANS LE NORD
ET DANS LES PARTIES CENTRALES DE L'A-
FRIQUE, au travers du grand désert, jusqu'au 10°
degré de latitude nord, et depuis le Kouka, dans
le Bornou, jusqu'à Sakatou, capitale de l'empire
des Felatah ; exécutés pendant les années 1822,
1823 et 1824 ; par le major Denham, le capitaine
Clapperton et feu le docteur Oudney ; suivis d'un
appendice contenant les vocabulaires des langues
de Tombouctou, de Mandara, de Bornou et du
Begharmi ; des traductions de manuscrits arabes
sur la géographie, de l'intérieur de l'Afrique, des documens nombreux sur la minéralogie, la botanique,

et les différentes branches d'histoire naturelle de
cette contrée; traduits de l'anglais par MM. Eyriès
et de Larenaudière, membres de la commission centrale de la société de géographie, etc.; 3 vol. in-8,
avec un atlas grand in-4., composé de cinq cartes,
dont la carte générale de l'expédition, de vues, de
figures et de planches représentant les costumes,
meubles, instrumens, armes, etc., des peuples de
l'intérieur de l'Afrique. 1826,   33 fr.

VOYAGE DANS L'INTÉRIEUR DE L'AFRIQUE, aux
sources du Sénégal et de la Gambie, fait en 1818,
par M. Mollien, auteur du Voyage dans la RÉPUBLI-
QUE DE COLOMBIA, par ordre du gouvernement français; 2ᵉ édition revue et augmentée; 2 vol. in 8.,
cartes et gravures,   14 fr.

VOYAGE DANS LES QUATRE PRINCIPALES ILES
DES MERS D'AFRIQUE, fait par ordre du gouvernement, pendant les années 1801 et 1802,
avec l'histoire de la traversée du capitaine Baudin
jusqu'au port Louis de l'île Maurice, par J. B. G.
M. Bory de Saint-Vincent; 3 vol. in-8, avec un
atlas in-4 de 58 planches.   48 fr.

VOYAGE DANS L'EMPIRE DES BIRMANS, par
Hiram Cox; traduit de l'anglais et augmenté de
notes par M. Chaalons d'Argé; 2 vol. in-8, ornés
de costumes et figures coloriées, et d'une carte
représentant la guerre actuelle de ces peuples contre
les Anglais,   14 fr.

VOYAGE AU BRÉSIL, par le prince Maximilien de
Wied-Neuwied, en 1815, 1816 et 1817; traduit par
M. Eyriès; 3 vol. in-8, avec un atlas in-folio composé de 41 grandes figures gravées en taille-douce,
et de trois belles cartes,   90 fr.

LE MÊME OUVRAGE, papier vélin,   150 fr.

LE MÊME OUVRAGE, sans atlas, mais avec les trois cartes,   21 fr.

VOYAGE AU CHILI, AU PÉROU ET AU MEXI-
QUE, pendant les années 1820, 1821 et 1822, par
le capitaine B. Hall, officier de la marine royale,
entrepris par ordre du gouvernement anglais; orné
de la carte de ce pays; 2 vol. in-8,   14 fr.

JOURNAUX.

BIBLIOTHÈQUE

PHYSICO - ÉCONOMIQUE,

Ou Journal des découvertes et perfectionnemens de l'industrie
nationale et étrangère, de l'économie rurale et domestique, de
la physique, de la chimie, l'histoire naturelle, la médecine
domestique et vétérinaire, enfin des sciences et des arts qui se
rattachent aux besoins de la vie.

RÉDIGÉE

PAR MM. BORY DE SAINT-VINCENT ET JULIA FONTENELLE.

Ce journal paraît exactement le 10 de chaque mois,
par cahier de trois feuilles au moins, in-12, avec des
planches quand le sujet l'exige. A la fin de l'année,
les douze cahiers forment deux volumes contenant
une table des matières.

Le prix de l'abonnement est fixé à 15 fr. par an pour Paris et les départemens (*franc de port* par la poste), et à 18 fr. pour les pays étrangers.

La Bibliothèque physico-économique a commencé à paraître en 1782, et s'est continuée sans interruption jusqu'en 1826 inclus.; elle se divise en trois séries, qui ont été publiées de la manière suivante :

La première série forme 24 volumes ou 16 années, rédigées par MM. Parmentier et Deyeux 1782 à 1797. Prix, 84 fr.

Chaque volume se vend séparément, 3 fr. 50 c.

La deuxième série, publiée par MM. Sonnini et Denys de Montfort, forme 28 volumes in-12, avec 165 planches gravées en taille-douce, ou 13 années et demie (1801 à 1826.) Prix, 138 fr.

Chaque année se vend séparément, 10 fr.

La troisième série, rédigée par M. Thiébaut de Berneaud, forme 20 volumes in-12, ornés de 60 planches environ, gravées en taille-douce; ou 10 années (1817 à 1826.) Prix, 120 fr.

Chaque volume se vend séparément, 12 fr.

Les personnes qui en souscrivant à l'année courante, prendront une, deux ou les trois séries, auront droit à 10, 15 ou 20 pour 100 de remise, et de plus il leur sera donné quittance pour recevoir gratis l'année suivante.

A partir de 1827, ce journal est rédigé sur un plan plus vaste, et des hommes connus soit par leurs ouvrages, soit par leurs travaux dans d'autres journaux, ont été attachés à sa nouvelle rédaction.

(Le prospectus se distribue.)

BULETIN UNIVERSEL DES SCIENCES ET DE L'INDUSTRIE,

Publié sous direction de M. le baron de Férussac. Paraît depuis 1823. Prix du bulletin complet ou des huit sections, pour l'année, 132 fr. Par la poste, 156 fr. 50 c. A l'étranger, 180 fr.

On s'abonne à chaque section séparément. Voir le prospectus.

BULLETIN DE LA SOCIÉTÉ DE GÉOGRAPHIE.

Cet ouvrage paraît tous les mois par numéros de 4 à 5 feuilles. Les douze cahiers forment à la fin de l'année a vol. in-8, accompagnés d'une table systématique des matières. Paraît depuis 1825.

A Paris, 12 fr.; par la poste, 15 fr.; à l'étranger, 18 fr.

JOURNAL DES VOYAGES, DÉCOUVERTES ET NAVIGATIONS MODERNES,

Ou Archives géographiques du dix-neuvième siècle, etc., etc. (Paraît depuis 1819.) Prix, 30 fr. pour un an, 16 fr. pour six mois.

Par la poste, 33 fr. et 17 fr. 50 c. A l'étranger, 36 fr. et 19 fr.

NOUVELLES ANNALES DES VOYAGES, DE LA GÉOGRAPHIE ET DE L'HISTOIRE,

Par MM. Eyriès et Delarenaudière. Paraît depuis 1819. Prix, pour l'année, 30 fr. Par la poste, 36 fr. A l'étranger, 42 fr.

REVUE ENCYCLOPÉDIQUE,

Ou Analyse raisonnée des productions les plus remarquables dans la littérature, les sciences et les arts. Paraît depuis 1819. Prix, 46 fr. pour l'année, et 26 fr. pour 6 mois.

Par la poste, 53 fr. et 30 fr. A l'étranger, 60 fr. et 34 fr.

REVUE BRITANNIQUE,

Ou Choix d'articles traduits des meilleurs écrits périodiques de la Grande-Bretagne sur la littérature, les beaux-arts, les arts industriels, le commerce, les finances, la législation, la géographie, etc. (Paraît depuis 1825.) Prix, 50 fr. pour l'année, et 26 fr. pour 6 mois.

Par la poste, 56 fr. et 30 fr. A l'étranger, 62 fr. et 33 fr.

ŒUVRES

DE Mme LA BARONNE

Isabelle de Montolieu.

La collection des Œuvres de madame de Montolieu formera environ soixante volumes in-12, grande justification, de 300 pages environ, ornée du portrait de l'auteur, et d'une figure au moins, en taille-douce, placée en tête de chaque volume. Cette édition sera imprimée avec soin, sur beau papier, et distribuée par livraisons de deux, de trois ou de quatre volumes.

La quatorzième livraison a paru en octobre 1826; elle complète le quarantième volume.

Les livraisons se succéderont rapidement, et nous y ferons entrer les ouvrages nouveaux que madame de Montolieu publiera.

La première est composée du ROBINSON SUISSE, 5 vol. in-12, figures et carte, 15 fr.

La deuxième, de SAINT-CLAIR-DES-ILES, ou les Exilés à l'île de Barra, 3 vol. in-12, figures, 9 fr.

La troisième, des TABLEAUX DE FAMILLE, traduits d'Auguste Lafontaine, 1 vol. in-12, figure, 3 fr.

Et de la PRINCESSE DE WOLFENBUTTEL, traduit de l'allemand; 1 vol. in-12 figure, 3 fr.

La quatrième, de CAROLINE DE LICHTFIELD, 2 vol. avec figures et musique, 6 fr.

Et de CORISANDRE DE BEAUVILLERS, 1 vol., figure, 3 fr.

La cinquième, D'UN AN ET UN JOUR, 2 vol., figures, 6 fr.

Et de LUDOVICO, ou le Fils d'un homme de génie, 1 vol. figure, 3 fr.

La sixième, de la FAMILLE ELLIOT, ou l'Ancienne Inclination, traduit de l'anglais; 2 vol., figures, 6 fr.

La septième, d'ONDINE, conte, suivi de VINGT ET UN

ANS, ou le Prisonnier, traduit de l'allemand; 1 vol.
in-12, figures, 3 fr.

La huitième, des NOUVEAUX TABLEAUX DE FAMILLE,
traduit d'Aug. Lafontaine; 3 vol. in-12, fig, 9 fr.

* La neuvième, d'OLIVIER, traduit de l'allemand;
1 vol. in-12, figure, 3 fr.

* La dixième, de DUDLEY ET CLAUDY, ou L'ILE DE TÉNÉ-
RIFFE, traduit de l'anglais de madame Okeeffe; 5 vol.
in-12, figures, 15 fr.

La onzième, des CHATEAUX SUISSES, augmentés de
deux nouveaux Chateaux; 3 vol. in-12, fig, 9 fr.

* La douzième, de la TANTE ET LA NIÈCE, traduit de l'allemand; 3 vol. in-12, figures, 9 fr.

* La treizième, du SIÉGE DE VIENNE, roman historique
traduit de madame Pichler, 3 vol. in-12, fig, 9 fr.

La quatorzième, d'AGATHOCLÈS, ou Lettres écrites de
Rome et de Grèce, traduit de madame Pichler,
3 vol. in-12, figures, 9 fr.

La quatorzième de RAISON ET SENSIBILITÉ, ou les deux
manières d'aimer, traduit de l'anglais; 3 vol.
in-12: figures, 1828. 9 fr.

La seizième, de COLLECTION DE NOUVELLES, tomes 1
et 2. Contenant, la Fille du Marguillier, Charles et
Hélène, Lisely, Nantilde, Frères et Sœur, etc.
2 vol. in-12, figures, 6 fr.

LES OUVRAGES DE LA COLLECTION SE VENDENT SÉPARÉ-
MENT, MAIS AVEC UNE AUGMENTATION POUR CEUX QUI SONT
ASTÉRISQUÉS *POUR LES NON SOUSCRIPTEURS.

Le prospectus se distribue.

Ouvrages du même Auteur

DONT IL RESTE UN PETIT NOMBRE D'EXEMPLAIRES.

VOYAGE EN ALLEMAGNE, dans le Tyrol et en
Italie, pendant les années 1804, 1805 et 1806; par
madame de la Recke, née comtesse de Méden, etc.;
traduit de l'allemand, par madame la baronne de
Montolieu; 4 vol. in-8, 20 fr.

CONSTANTIN, ou le Jour propice, traduit de l'allemand; 1 vol. in-12, fig. 1827, — — — — 3 fr.

AMABEL, ou Mémoires d'une jeune Femme de qualité, traduit de l'anglais de madame Elisa Hervey, 5 forts vol. in-12, 15 fr.

ARISTOMÈNE, traduit de l'allemand d'Auguste Lafontaine, 2 volumes in-12, 6 fr.

CHEVALIERS (LES) DE LA CUILLÈRE, suivis du Château des Clefs et de Lisély, anecdotes suisses; in-12, figures, 3 fr.

EXALTATION ET PIÉTÉ, contenant quatre Nouvelles, ayant pour titres : Philosophie et Religion; le jeune Quaker; Elisa, ou les Souvenirs d'une jeune Morave ; la Veille de Noël, ou la Conversion, 1 vol. in-12, fig., 3 fr.

FALKENBERG, ou l'Oncle, 2 vol. in-12, fig. 6 fr.

HISTOIRE DU COMTE RODERIGO DE W***, suivi du jeune Fruitier du lac de Joux et du Siége du château de Grandson; nouvelle du 15e siècle; 1 vol. in-12, 3 fr.

ONDINE, conte traduit de l'allemand du baron de Lamotte-Fouqué, major au service de Prusse. Cet ouvrage extraordinaire forme un volume in-12, avec une jolie figure; 3e édition, 3 fr.

ROBINSON SUISSE (LE), ou Journal d'un père de famille naufragé avec ses enfans, traduit de l'allemand de M. Wiss. Suite et fin de cet ouvrage, formant le complément des éditions antérieures en 4 et 3 vol. ; 2 vol. in-12, figures (*Voyez* plus haut page 23.) 6 fr.

ROSE (LA) DE JÉRICHO, imité de l'allemand, 1 vol. in-12, deux figures, dont une coloriée, 3 fr.

VINGT ET UN ANS, ou le Prisonnier, traduit de madame la baronne de Lamotte-Fouqué, 1 vol. in-12, fig. 3 fr.

tives, du poëme d'Erminie, de Métastase à Naples,
et d'un recueil de pièces diverses; 3 tomes en 2 vol.
in-8, ornés de vignettes,   10 fr.

CINQUIÈME LIVRAISON.

**CORRESPONDANCE DE MADEMOISELLE SU-
ZETTE - CÉSARINE D'ALLY;** 2 volumes in-8,
                                                   10 fr.
GEOFFROY RUDEL, ou LE TROUBADOUR, poëme en
huit chants, suivi de notes et orné d'une jolie vignette, in-8; 2ᵉ édition,   5 fr.
La première édition de ce poëme a été épuisée en
peu de mois.

*Chaque ouvrage de M. Lantier se vend séparément, avec
une augmentation de 1 fr. par volume.*

OUVRAGES DE M. LANTIER IMPRIMÉS SUR UN AUTRE FORMAT.

VOYAGE D'ANTENOR EN GRÈCE ET EN ASIE,
avec des notions sur l'Égypte; manuscrit grec trouvé
à Herculanum; nouvelle édition; 6 vol. in-18, ornés d'une carte et de six jolies figures d'après les
dessins de Chasselat.   7 fr. 50 c.
LE MÊME OUVRAGE, imprimé sur grand-raisin fin,
                                                   12 fr.
LE MÊME OUVRAGE, imprimé sur grand-raisin vélin,
fig. avant la lettre, sur papier de Chine,   24 fr.
RECUEIL DE POÉSIES DIVERSES; 1 vol. in-8,
                                                   3 fr.

**CORRESPONDANCE DE MADEMOISELLE SU-
ZETTE-CÉSARINE D'ARLY;** 3 vol. in-12, 9 fr.
Le prospectus se distribue.

incidens et les exceptions prévus, avec les décisions sur le droit; 1 vol. in- in-8, 2. édit. 6 fr.

La première édition de cet ouvrage a aussi été enlevée en peu de temps, et cette deuxième édition était vivement désirée.

Celui qui avait fait l'instruction pour les juges de paix, qui était la théorie, devait donner la procédure, qui était la pratique ; sans celui-ci l'ouvrage de M. Biret n'eût point été complet; il l'est maintenant.

ESSAI, ou Commentaires sur la législation de simple police, dédié à M. le procureur général de la cour de Poitiers; 1 vol. in-8, 3ᵉ édit. 5 fr.

La réponse de M. le procureur général près la cour de Poitiers à la dédicace que l'auteur lui a faite, et qui se trouve en tête de cet ouvrage, fait bien connaître l'utilité dont il est, et le talent avec lequel il est composé. Il le loue, entre autres choses, sur les modèles d'actes, de procès-verbaux et de jugemens qu'il y a insérés et qui doivent servir aux juges de paix, aux maires, aux greffiers, huissiers, gardes-champêtres, etc.

TRAITÉ DE L'ABSENCE ET DE SES EFFETS : 1 vol. in-8. 5 fr.

Un Traité de l'absence était d'autant plus nécessaire, qu'avant le Code civil et le Droit intermédiaire, il n'existait que des usages coutumiers et locaux, mais point de législation proprement dite sur l'absence; que le Code civil lui-même n'y consacre que trente-deux articles, et que la matière exigeait de grands développemens. Ce qui y entrait naturellement et que l'auteur n'a point oublié, c'est la loi du 13 janvier 1817 sur les *militaires absens*, qu'il a donnée avec un commentaire. Il a terminé ce Traité par les solutions de nombre de questions de droit relatives à l'absence en général, qu'il a puisées dans les arrêts des cours, et particulièrement de celle de cassation. On peut regarder son ouvrage comme complet.

TRAITÉ DES NULLITÉS de tous genres de droit et de formes, admises en matières civiles, par les nouveaux codes et la jurisprudence des cours, avec l'esprit de l'ancien droit; 2 vol. in-8, 12 fr.

C'est une matière vraiment neuve qu'un traité des nullités ; et la qualité de celles que l'auteur y a distinguées rend cet ouvrage digne d'être recherché par tous ceux qui étudient et qui appliquent les lois.

TRAITÉ DU CONTRAT DE MARIAGE, 1 vol. in-8 de 500 pages. 7 fr.

CODE RURAL, ou Analyse raisonnée des lois, décrets, ordonnances, réglemens, avis du conseiller d'état, et arrêts anciens et modernes, rendus en matière de police rurale ; 1 vol. in-8, 6 fr.

OUVRAGES
DE M. MOLLEVAUT,
MEMBRE DE L'INSTITUT ROYAL DE FRANCE.

VIRGILE : l'Énéide. Traduction en prose, avec le texte en regard, 4 vol. in-18 grand-raisin, ornée du portrait de Virgile. 10 fr.
LE MÊME OUVRAGE, 4 vol. in-18 carré, 2ᵉ édition. 8 fr.

CATULLE : poésies. Traduction en vers français, avec le texte en regard, 3ᵉ édition, 1 vol. in-18 grand-raisin, fig. 3 fr.

TIBULLE : Élégies. Traduction en vers français, avec le texte en regard, 6ᵉ édition, 1 vol. in-18, grand-raisin, fig. 3 fr.

PROPERCE : Élégies. Traduction en vers français, avec le texte en regard, 2ᵉ édition, 1 vol. in-18, grand raisin, fig. 3 fr.

OVIDE : Élégies amoureuses. Traduction en vers français, avec le texte en regard, 1 vol. in-18, grand-raisin, fig. 3 fr.

MOLLEVAUT : ses Élégies. 2ᵉ édition, 1 vol. in-18, grand-raisin, fig. 3 fr.

MOLLEVAUT : les Fleurs, poëme en quatre chants, 1 vol in-18, papier fin, orné de 5 fig. coloriées et de 4 vignettes, 5 fr.
LE MÊME OUVRAGE, fig. noires, 4 fr.

MOLLEVAUT : Cent Fables, 1 vol. in-18, papier vélin, jolies fig. 3 fr.

CARTES CHRONOLOGIQUES ET GÉNÉALOGI-QUES, pour servir à l'étude de l'histoire ancienne et moderne, et à celle des langues, des sciences et des arts, par MM. Destours et Goffaux.

LISTE DES CARTES, AVEC LES PRIX.

CARTE DE L'EMPIRE ROMAIN, depuis Auguste jusqu'à Charlemagne, une feuille,   4 fr.
CARTE DE FRANCE, en deux feuilles,   8 fr.

La première, depuis l'origine de la monarchie jusqu'à la fin du onzième siècle.

La seconde, depuis le douzième siècle jusqu'à nos jours.

CARTE DES ÉCRIVAINS DE LA LANGUE LA-TINE, depuis l'origine de la langue jusqu'à la fin du sixième siècle,   4 fr.
CARTE DES PRINCIPAUX ÉCRIVAINS DE LA LANGUE FRANÇAISE en vers et en prose, depuis le douzième siècle jusqu'à ce jour,   4 fr.

NOTICE EXPLICATIVE de ces cartes,   2 fr.

Les mêmes Cartes, collées sur toile, se vendent 1 fr. de plus par feuille.

OUVRAGES

DE Mme LA COMTESSE

DE GENLIS.

EMPLOI DE (L') DU TEMPS, 1 vol. in-8, avec une jolie figure,   6 fr.
LE MÊME OUVRAGE, in-12, fig.   3 fr.

PRISONNIERS (LES), par Mme. la comtesse de
  Genlis, dédié à M. de Chateaubriand; in-8, figures,
  6 fr.
LE MÊME OUVRAGE, in-12, fig.   3 fr.
CONTES, NOUVELLES ET HISTORIETTES, par
  Mme. la comtesse de Genlis, Mme. la comtesse de
  Beaufort d'Hautpoul, Mme. Dufresnoy, 2 vol.
  in-12, ornés de sept gravures,   6 fr.

ROMANS

DU COMTE DE LACOSTE.

ALFRED-LE-GRAND, ou le Trône reconquis, 2 vol.
  in-12 avec de jolies figures,   6 fr.
CHRONIQUES ALLEMANDES, 6 vol. in-12, fig.,
  15 fr.

  On vend séparément.

TEMPLIER (LE), LE JUIF ET L'ARABE, 2 vol.
  in-12, figures,   6 fr.
FILLE (LA) DU BAIGNEUR D'AUGSBOURG, ou
  Féodalité, Amour et Honneur, 1 vol. in-12, fig.,
  3 fr.
OPPRESSION ET RÉVOLTE, ou la Guerre des No-
  bles et des Paysans, 3 vol. in-12, figures,   9 fr.
FRÈRES (LES) HONGROIS, roman traduit de l'anglais, de miss Anna Maria Porter, 3 vol. in-12;
  9 fr.
QUELQUES SCÈNES DE LA VIE DES FEMMES,
  ou Aventures d'un Chevalier français, 3 vol. in-12,
  figures,   9 fr.

ROMANS NOUVEAUX.

ANASTASE ET NEPHTHALI, ou les Amis, 4 vol. in-12,   12 fr.

ANGELO, COMTE D'ALBINI, ou les Dangers du Vice, traduit de l'anglais de Rosa Mathilda, par madame de Bon. 3 vol. in-12,   9 fr.

AVENTURES DE LA FAMILLE DOLONE, ou la Bonne et la Mauvaise Compagnie, par M. J. de Loyac, chevalier de Saint-Louis, ancien capitaine d'infanterie; 4 vol. in-12, 1827,   12 fr.

AVENTURES (LES) DE FAUST, et sa descente aux Enfers, par MM. de Saur et de Saint-Géniès; 3 vol. in-12, figures,   9 fr.

CATHERINE Ire, impératrice de toutes les Russies, seconde femme de Pierre-le-Grand, roman historique; 5 vol. in-12, ornés des portraits du czar Pierre-le-Grand et de Catherine, par madame A. Gottis,   12 fr.

CONTES MORAUX (NOUVEAUX) de mistriss Opie; traduits de l'anglais par M. Aubert de Vitry; 5 vol. in-12, figures,   15 fr.

CONTES, ET NOUVELLES HISTORIETTES, par madame la comtesse de Genlis, madame la comtesse de Beaufort-d'Hautpoul, madame Dufresnoy; 2 vol. in-12, ornés de sept gravures,   6 fr.

ELIAM ET DORFEUIL; par l'auteur de la Famille Dolone; 2 vol. in-12,   6 fr.

EMMA (LA NOUVELLE), ou les Caractères anglais du siècle; par l'auteur d'Orgueil et Préjugé, etc., etc., traduit de l'anglais; 4 vol. in-12, papier vélin,   12 fr.

EMPLOI (DE L') DU TEMPS, par Mme. la comtesse de Genlis; 1 vol in-8, figures,   6 fr.

LE MÊME OUVRAGE, in-12,   3 fr.

GENEVIÈVE, ou le Hameau, par Mme. Simons-

Candeille, auteur de la Belle Fermière; 1 vol.
in-12, figure, 3 fr.

HISTOIRE DE CATHERINE II, impératrice de
Russie, par J. Castéra; suivie de l'état actuel du
commerce, des richesses, des forces, des productions de la Russie; 4 gros vol. in-12, avec 13 portraits et 2 belles cartes de la Russie et de la Polo-
gne, avec ses différens partages, 12 fr.

HYPOCRITE (l'), ou les Infortunes de la Princesse
d'Angleterre, fragmens de l'histoire du dixième
siècle, 2 vol. in-12, 6 fr.

JEANNE D'ARC, par Mme Gottis; 4 vol. in-12,
ornés de 4 jolies figures et du portrait de l'héroïne,
12 fr.

LUDWIG D'ELSACH, ou les Trois Educations, traduit d'Auguste Lafontaine; 3 vol. in-12, figure,
9 fr.

MATHILDE AU MONT-CARMEL, ou continuation
de Mathilde de Mme. Cottin, par M. Vernes de
Luze; 2 vol. in-12, figures, 6 fr.

LE MÊME OUVRAGE, 3 vol. in-18, figures, deuxième
édition, 5 fr.

PRISONNIERS (LES), dédié à M. de Châteaubriand;
1 vol. in-8, fig. 6 fr.

LE MÊME OUVRAGE, in-12, fig. 3 fr.

RHODA, ou l'Ecole des Vieux Garçons, dédié à
Mme. de Montolieu; 5 vol. in-12, figures, 15 fr.

TROUBADOUR (LE) EN DÉMENCE, ou les Folles
amoureuses, romanesques et merveilleuses de Gas-
pard Langoroso, orphelin de la Michaille, par
M. Milhot; 4 vol. in-12, 4 jolies figures, 12 fr.

FORESTER, ou la Manie de l'Indépendance, suivi
d'Angélina, ou l'Amie inconnue, nouvelles de miss
Edgeworth; 2 vol. in-12, figure, 6 fr.

FILLE (LA) ABANDONNÉE, ou l'Heureuse désobéis-
sance, 3 vol. in-12, figures, 9 fr.

FANNY SANDFORT, par Mme. Charlotte Kaufmann,
3 vol. in-12, 9 fr.

PARIS, IMPRIMERIE DE COSSON,
RUE SAINT-GERMAIN-DES-PRÉS, N° 9.